弁護士秘伝！

教師もできる いじめ予防授業

弁護士／NPO法人ストップいじめ！ナビ理事
真下麻里子

教育開発研究所

はじめに

　私はこれまで、NPO法人ストップいじめ！ナビ（以下、「ストップいじめナビ」）の弁護士として、さまざまな学校でいじめに関する授業や講演などを行ってきました。

　その活動を通して思うのは、一見複雑に見えるような学校内の問題も、法的視点を入れることでスッキリと整理されるということです。法的視点を用いた交通整理により、教員の方々をはじめとする関係者の心理的・時間的負担を減らし、学校をより風通しのよいものにできると感じています。

　一般に、法は「誰かを規制するもの、縛るもの」というイメージがありますが、それは法を一面的に捉えているにすぎません。本来法は、個人の尊厳を守るため、私たち一人ひとりが幸せに生きるために存在します。このことは、私たち法律家が最初に学ぶとても大切な視点です。ですから、そうした目的をもって作られた法を活用しない手はないのです。

　平成30年度からは小学校において、31年度からは中学校において道徳教育が教科化されます。多くの教員の方々が教科書を用いて「いじめ」を考えなければならない場面に遭遇するでしょう。

　しかし、いじめはとても複雑でセンシティブな難しい問題です。漫然と個人の経験則や一般常識で語ってしまうのは危険です。法律や学術的知見、統計等、裏打ちのある視点からポイン

トを押さえて語られる必要があります。

　特に日本のいじめは、仲間はずれや無視・悪口などのコミュニケーション操作系のものが多いため、「どちらも悪い」とか「喧嘩両成敗」といった曖昧な結論にされがちです。道徳教育の学習指導要領では「多面的・多角的な見方」をその評価の視点の一つとしていますが、こういった"結論を曖昧にすること"が多面的・多角的な見方ではけっしてないということにも注意が必要です。大人がしっかりとした軸を持ってこの問題に向き合うことが、子どもたちから多面的・多角的な見方を引き出す環境を作るのです。

　では、そういった軸とはどのようなものでしょうか。本書第1章では、私がこれまで行ってきた「いじめ予防授業」を教員の方々がそのまま実践できるようアレンジしたものを紹介しています。この教材には、これまでたくさんの子どもたちと向き合い、多くの教員の方々にご協力いただきながら作り上げてきた"軸"があります。この教材を使うことで、その軸の内容がおわかりいただけると思います。すぐに実践できるように、授業で用いる事例やワークシートを教育開発研究所のWEBサイトでダウンロードすることもできるようにしましたので、ぜひご活用ください（ダウンロードの方法は8頁参照）。

　教員の方々にこうした軸を持っていただければ、学校で展開される多くの道徳の授業において、子どもたちがより安定感のある発展的ないじめの議論を行うことができると信じています。

　また、第2章では、いじめ防止対策推進法（以下、「いじめ

防止法」)の活用方法についても簡単に触れました。教員を縛るばかりと評価されがちな同法ですが、少し視点を変えるだけで印象がだいぶ変わると思います。これを機に、同法を上手に活用することも検討してみてはいかがでしょうか。

　本書だけでいじめ問題の全てを網羅できるものではけっしてありませんが、少しでも現場の教員の方々の"視点"を増やすことに貢献できれば、これほど嬉しいことはありません。

目 次

はじめに・3

第1章　いじめ予防授業 ……………………… 9
◆いじめ予防授業とは
  1　いじめ予防授業ができるまで ……………………… 10
    (1)　はじめに
    (2)　私が「いじめ予防授業」を作ったきっかけ
    (3)　教育学部で学んだこと
    (4)　「弁護士らしい授業」とは？
    (5)　いじめをやってはいけない理由
    (6)　「ダメ」ばかりではダメ
  2　いじめ予防授業の目的や使い方 ……………………… 15
    (1)　授業の目的
    (2)　「いじめ予防授業」の使い方の例

◆いじめ予防授業【実践編】
  1　「いじめの定義」を学ぼう―「DVD事例」……………………… 19
    コラム①　「AさんもBさんをいじめている！」
    コラム②　「うっかり」と「そんなつもりじゃ……」の違い
  2　「いじめの構造」を学ぼう―「合唱コンクール事例」……… 37
    コラム③　遅刻するCさんは不真面目!?　ワガママ!?
  3　「中立」を考えてみよう―「助けた後事例」……………………… 54
  4　模擬調停をやってみよう ……………………… 68
  5　おわりに ……………………… 100

コラム④　模擬調停作成の経緯とこれから

コラム⑤　ボツになってしまった授業

コラム⑥　"法的視点"と"法律そのもの"はやや異なる

第2章　「法」の積極的な活用例 …………………………・107
1　はじめに …………………………………………………・108
2　いじめ防止法の見方を変えてみる ………………………・108
3　「護身術」は専門職の基本 …………………………………・109
4　トラブルから身を守るための「習慣」……………………・110
　(1)　弁護士が教わる護身術

　(2)　教員の場合
5　いじめ防止法を活用してみる ……………………………・116
　(1)　いじめ防止法制定経緯から見る重要条文

　(2)　定義と報告義務

　(3)　22条組織と情報共有体制

　(4)　基本方針は"みんな"を守る

　(5)　重大事態
6　おわりに ………………………………………………・131

おわりに・133

【資料編】

◇いじめ予防授業配付用資料………・137

◇いじめ防止対策推進法　全文……・155

＊ 授業配付用資料　ダウンロード方法 ＊

1章でご紹介するいじめ予防授業の配付用「事例」「ワークシート」を、教育開発研究所ホームページからダウンロードしてお使いいただけます。

教育開発研究所　いじめ予防授業　で 検索

https://www.kyouiku-kaihatu.co.jp/bookstore/products/detail/000506

上記ページの「資料ダウンロード」のリンクをクリックしてください。

第1章
いじめ予防授業

◆いじめ予防授業とは

1 いじめ予防授業ができるまで

(1) はじめに

　具体的な授業の紹介に入る前に、本授業ができるまでの経緯について簡単にご紹介したいと思います。私がこれまで経験してきたことは、教育現場と法との距離感をそのまま表しているように感じるからです。この本をお読みになる教員の方々の多くが疑問を抱くであろう、「なぜ弁護士がいじめ問題を語るのか」という点についてもご理解いただけるかもしれません。

(2) 私が「いじめ予防授業」を作ったきっかけ

　私は、弁護士1年目からNPO法人化前のストップいじめナビに参加していました。教育学部出身で中学・高校の教員免許を取得していたという理由から、先輩弁護士に誘われたためです。
　当時、ストップいじめナビの弁護士チーム（以下、「弁護士チーム」）の先輩方は、いじめ防止法制定のためのロビイング活動をしたり、自治体に提案するための条例案を作成したりしていました。実務経験がほとんどない1年目の私には、「何を手伝えばよいのかもわからない」という状態でしたが、自由に活動している先輩方の姿がとても眩しく見えました。ですから、私も先輩たちのように自分にしかできないことを探して、自分で居場所を作ろうと思うようになりました。
　そんなある時、私が所属する第二東京弁護士会が、「弁護士によ

るいじめ予防授業」というものを都内の公立小学校で行っていることを知りました（現在は、多くの弁護士会で行われています）。弁護士が学校に行って授業を行っているという事実にまず驚きましたが、同時に「授業だったら私にも作れるのではないか。弁護士会が小学生向けなら、NPOとして中高生向けにやってみたら面白いのではないか」と思ったのです。

そこで最初に作成したのが、後に紹介する「DVD事例」です。

(3) 教育学部で学んだこと

　私は、優秀な学生では全くありませんでしたので、学部時代に学んだことはたった2つだけでした。1つ目は、「教育」は子どもたちの人格形成を担う重要かつ意義深い営みである一方、扱いを誤れば"在るべき姿"を強要してしまうなど個人の権利を著しく制限してしまうおそれがあること、2つ目は、ただ知識を一方的に与えるのではなく、子どもたちに考えてもらうことが最も重要であることです。

　ですから、子どもたちの内心の自由をできる限り尊重するため、感情だけに訴えかけたり、危機感を煽ってしまったりするような内容にはせず、それぞれが理性的かつ論理的に議論できるような内容にしたいと考えました。また、中高生であればそうした議論も可能だろうと考えました。

　そうした理由から、事例の内容は、日常にありふれた些細なすれ違いを原因とするものにし、授業内容は、子ども同士が時に弁護士を交えながら議論やグループワークを行う形式にしました。

(4) 「弁護士らしい授業」とは？

　いじめ防止法施行の1年ほど前から、いくつかの学校でDVD事

例を試験的にやらせていただくようになりました。

　その際、最も多かったご意見が、「弁護士らしい内容にしてほしい」というものでした。後に紹介するとおり、DVD事例はDVDの貸し借りがきっかけで、仲間はずれにまで発展する事例です。こうした"些細な"事例は教員であっても取り上げることができるので、重大事案の判例解説のような形式にするか、いじめをしたら損害賠償請求されたり、刑事罰が科されたりすることを強調する内容にしてほしいというご要望が多く寄せられたのです。

　これらの意見にはとても頭を悩ませました。私たち弁護士の使命は、「基本的人権の擁護」および「社会正義の実現」（弁護士法1条）なのであって、法の威を借りて子どもたちに言うことを聞かせることではないからです。

　他方で、弁護士としての未熟さもあり、DVD事例のような事案に対して"法律家として"NOと言い切る難しさも感じていました。現実問題として、DVD事例のような仲間はずれを行ったとしても、ただちには犯罪になりませんし、民事上の損害賠償請求権としてもけっして強くはないからです（この点は、現行法の下でも同様です）。

　事実、ストップいじめナビ以外の同期の弁護士たちからは、「訴訟にならない程度のいじめに対して弁護士ができることはない」とか「そもそも、それって"いじめ"なの？」とか「結局は学校の中の問題だから、弁護士ができることは『死なないで』と言うことぐらいだ」などと言われることもありました。

　今思えば、他ならぬ私自身が、先の教員の方々や同期たちと同様に、「弁護士＝裁判」というイメージに捉われていたのだと思います。裁判上の請求権として、"弱い"からといって"やっていい"ことにはけっしてならないにもかかわらず、「裁判所にお墨付きをもらえないかもしれないことを、強く主張してはいけないのではな

いか」と弱気だったのです。ダメなものはダメ、と法律家として言い切る勇気がありませんでした（と言いながら、実際の授業では、若さからくる無鉄砲さから、「行為がエスカレートすれば損害賠償請求も考えられるから」などさまざまな理屈を付けて言い切っていたのですが……）。

　このように授業開始当時は、教育現場で日常的に起こり得る事象を、法律を用いて、かつみんなが納得する形で説明しようと日々試行錯誤していました。

　そうしたことを繰り返しているうちに、平成25年9月、いじめ防止法が施行されました。結果として、これが大きな転機となりました。

(5) いじめをやってはいけない理由

　実は、弁護士になる前からずっと違和感を抱いていたことがありました。なぜ大人は、「大事な命が失われるから、いじめをやってはいけない」と言うのでしょう。そして、酷くて悲しい重大ないじめ事件ばかりを取り上げるのでしょう。いじめの被害に遭ったことがある大人はたくさんいて、みんな辛い思いをしているのに、なぜ「たとえ命が失われなくても、いじめをやってはいけない」と誰も明言しないのでしょう。

　まるで、「命が失われるほどの酷いものでなければ"いじめ"ではない」と考えているかのようです。DVD事例には、私のそうした違和感が大きく反映されていたのだと思います。

　平成25年9月にいじめ防止法が施行され、同法を通読した時、恥ずかしながら、私はやっとずっと抱えていた違和感を"法律家の言葉"として形にすることができました。同法1条に、いじめを防止する目的が「児童等の尊厳の保持」にあることが明記されていた

からです。いじめは、命が失われるからやってはいけないのではありません。"人の尊厳を傷付けるから"やってはいけないのです。

「たとえ命が失われなくても、いじめをやってはいけない」

　これを多くの人々にきちんと伝えていくこと、個人の尊厳の大切さを訴え続けていくことが、私の法律家としての役割であると考えるようになりました。

(6) 「ダメ」ばかりではダメ

　いじめ防止法が４条でいじめを禁止したことで、DVD事例を法律に基づいてNOと明言できるようになり、とても授業がやりやすくなりました。現場から「弁護士らしい授業を」と言われることもなくなりました。同時に、主に私立学校の間で評判が広がり始め、徐々に授業の依頼が増えてきていました。

　しかし、それと反比例して、私の中では自分の授業への違和感がどんどん広がっていました。内容的には、後にご紹介するものにほぼ近づいていましたが、「何かが違う」と感じていたのです。

　結論から言えば、その違和感の原因は、授業を行っている私自身の"不寛容さ"でした。私は、確かに法律を使って「たとえ命が失われなくても、いじめをやってはいけない」と個人の尊厳の大切さを訴えていました。そうしているつもりでした。

　しかし、実際は、「法律がいじめを禁止しているんだから、やめなさい」と、法を振りかざして子どもたちに言うことを聞かせようとしていたにすぎなかったのです。損害賠償や刑事罰を強調していじめをやめさせようとすることと、本質的に全く同じことをしていました。

事実、最初は和気あいあいと議論をしていた子どもたちが、授業が終わる頃には沈んだような顔をしているようなことがしばしばありましたし、アンケートなどにも「納得いかない」、「絶対におかしい」といった強く否定的な意見が書かれることも今よりずっと多かったのです。

本当の意味で個人の尊厳が守られる社会を作るには、"寛容さ"が必要です。いじめの例で言えば、発生時は被害者に対する寛容さが必要であり、解決時には逆に加害者に対する寛容さが必要です。

加害者の気持ち、いじめたくなるような気持ちを無視したり、否定したり、排除したりするような姿勢のままでは、"寛容な土壌"を作ることはできません。ましてや、いじめを語る大人自身が不寛容であれば、子どもたちがそれを心から受け入れてくれることはけっしてありません。

そのことに気付いてからは、必ず加害者側の気持ちにも焦点を当てるようにしました。そして、その気持ち自体は何ら否定されるものではないことをきちんと明示するようにしました。その気持ちを解消する「手段」が問題なのだ、と。

また、授業自体も一度きりで終わるようなものにはせず、3年間または中高一貫校の場合は4年間で1セットにして、寛容な土壌づくりをコンセプトにしました。

こうしてできあがった授業が、19頁以降でご紹介する4つの授業です。

2　いじめ予防授業の目的や使い方

(1) 授業の目的

いじめ発生時には被害者に対する寛容さが必要であり、解決時に

は加害者に対する寛容さが必要であるという思いから、私は、「寛容な土壌を作ること」をいじめ予防授業の最終目的にすることにしました。

　具体的には、「子どもたちがいじめに対する考え方を身に付けることで、①いじめに"気付ける"クラスになること、②気付いた後に"動ける"子どもが増えること」が目標です。

　実際にいじめが発生すると、その当時者が冷静に判断することはとても困難です。まず、被害者は、どんなに心身の苦痛を感じていたとしても、それを「いじめ」であると認めたくなかったり、恥ずかしいと感じたりして声を上げないことが多いのです。心配をかけまいと、親や家族に対してすら何も言わない場合もあります。

　他方、加害者側は、多くの場合、自分たちが「いじめ」を行っていることにそれほど自覚的ではありません。いくら、「いじめの定義」を頭で認識していたとしても、自ら気付いて行動をやめることは難しいでしょう。

　ですから、平時からクラス全員が「いじめ」とは何か、もし起きたらどう行動すればよいのか、ということを検討し、有事の際、"当事者以外の子どもたち"が行動できるようにしておくことが大切です。子どもたちが早めに動くことができれば、重大化を防ぐことができますし、その段階であればクラスとして加害者側を受け入れることもそれほど難しくはないでしょう。

　なお、注意が必要なのは、いじめそのものを"なくす"ことが目的ではないということです。一般に、いじめは子どもたちが何らかのストレスを抱えることで発生すると言われています。つまり、いじめを"なくす"には、ストレッサーをなくすような環境的配慮が必要であり、授業だけでは困難です。

　むしろ、「授業をしているから安心」ではないことをしっかりと

認識しておくことが大切です。事実、いじめ防止法制定の契機となった平成23年の大津事件に関する第三者調査委員会は、事件の発生した学校が文部科学省の「道徳教育実践推進事業」の指定校であったことを受け、いじめ対策としての道徳教育や命の教育についてはその「限界」を認識することが重要であることを、調査報告書に「いじめ防止教育（道徳教育）の限界」という節を設けてまで指摘しています。

⑵　「いじめ予防授業」の使い方の例

　いじめに対する"考え方"を身に付けることを前提とする以上、学ぶ順番ははとても大切です。

　そこで、後に紹介するそれぞれの授業は、以下のような順番で行うようにしています。いずれの授業も前の授業で取り扱った知識や考え方を前提として構成しており、各回で前回の授業を復習することができます。

> 【いじめ予防授業の順番】
> ①　「いじめの定義」を学ぶ「DVD事例」
> ②　「いじめの構造」を学ぶ「合唱コンクール事例」
> ③　「具体的な行動」を検討する「助けた後事例」
> ④　「具体的な行動」を再度検討する「模擬調停」

　これまで弁護士チームでは、中学生および高校生を対象に、各学校で年1回から2回のペースでいじめ予防授業を行ってきました。たとえば、中学1年生には①と②を、2年生には③を、3年生には④をといった具合です。また、年に1回だけ行い、③の代わりに④を行う場合もあります（中1①、中2②、中3④）。中高一貫校な

どにおいては、①から③を中学3年間で行い、④を高校1年生に対して行うこともありました。

ただこれは、私たち弁護士が年に1、2度のゲスト講師であるがゆえの構成ですので、教員の方々が実践する場合、順番さえこのとおりであれば、より短期間で行ってもよいと思います。たとえば、1学期に①と②を、2学期に③を、3学期に④をといった形などが考えられます

なお、詳細は後述しますが、④模擬調停はやや難易度が高いので、本書に掲載された内容で行う場合は、中学3年生以上に対して行うのが望ましいでしょう（もちろん、アレンジ次第では、中学2年生以下も行うことができると思いますので、その場合は各校でぜひ考えてみてください）。

ですから、1年生の間に①から③を終わらせ、中学の道徳の授業の最後のワークショップとして3年生の最後に④を行うような形式にしてもよいかもしれません。

また、基本的には中学・高校生を対象にすることを前提としていますが、各事例の内容は小学生の間にも起こり得るものです。ですから、絵を加えて事例を理解しやすくしたり、説明の方法を簡易にしたりするなどすれば、小学校高学年の児童に対して同様の授業を行うこともできると思います。

もちろん、この授業そのものは行わず、そのエッセンスだけを普段の道徳の授業に取り入れることも可能です。

※以下にご紹介する事例、ワークシートは、コピーしてお使いいただける形で136頁以降に掲載しています。また、教育開発研究所ホームページからダウンロードしてお使いいただくことも可能です。ダウンロードの方法は8頁をご参照ください。

いじめ予防授業【実践編】

▲「いじめの定義」を学ぼう―「DVD事例」

　最初の授業では、「いじめの定義」を学びます。私たちは、口々に「いじめをやめよう」「いじめは絶対にやってはいけない」などと言いますが、実は、各自がイメージするいじめ像はそれぞれ異なります。これはつまり、「何をやめるべきなのか」という認識がそれぞれ違うということを意味します。やめるべき対象が定まらないままいじめの議論をしていても、初期の段階でいじめに気付いたり、いじめを解決したりしていくことはできません。

　いじめ防止法2条1項のいじめの定義を学ぶことで、どういったものが「いじめ」に当たるのか、どんな行為に対処したらよいのかということを教室の共通認識としていきます。

【いじめの定義を学ぶ：DVD事例】

① A、B、C、D、Eさんの5人は、とても仲良しで、いつも一緒にいました。カバンにおそろいのキーホルダーを付けたりなどもしていました。

② ある日、Aさんは、Bさんから人気歌手のDVDを借りました。Bさんは、その歌手の大ファンでした。

③ ところが、Aさんは、そのDVDをBさんになかなか返しません。

④ 数日後、やっとAさんからDVDを返してもらったBさんは、そのDVDに傷が付いていることに気付きました。

⑤　Bさんは、内心ムッとしましたが、Aさんには直接何も言いませんでした。代わりに、C、D、Eさんにそのことを話しました。

⑥　3人は、「Aさんはひどい！　Bさんがかわいそうだ！」と怒りました。

⑦　その日から、B、C、D、Eさんは、Aさんと距離を置くようになりました。

⑧　お昼ごはんを4人だけで先に食べ始めたり、教室移動のときにAさんだけ置いて行ったり、休日に4人で遊んだ話を誘われていないAさんの前でしたりするようになりました。

⑨　ある日、Aさんは、5人がおそろいで付けていたキーホルダーが4人のカバンからなくなり、代わりにAさんが見たことのない新しいキーホルダーが付いていることに気付きました。

⑩　Aさんは、学校に居場所がないと感じ、辛い、悲しい、学校に行きたくないと思うようになりました。

【授業の目標】

①何が「いじめ」なのかを知ることにより、いじめに気付くことができるクラスにする

②人それぞれ思い描く「いじめ像」が異なることを知る

③相手に「落ち度」（加害者からの視点としてあえてこのように表現します。これ以降も同様です）があるからといって、解決手段として相手に苦痛を与える手段を「選択」してはいけないことをクラスの共通認識にする

第1章　いじめ予防授業

【基本的な授業の進め方】

(1) 概要

　初回は、双方向授業（講義型）で行います。事例を示した上で子どもたちから広く意見を聞いていき、最後に法律上の「いじめの定義」の内容とその趣旨を教員から説明します。

　なお、本事例の内容は教育現場では「よく起こり得る」ことであるため、過去に実際に当該クラスで問題となった、または、現在問題となっている事案と似通っている場合は、事例を修正する等の配慮が必要になります。その際は、本事例と同じ論点を議論するために、「借り物に傷を付けた」という事情を「約束を忘れてしまっていた」といったものに変える等、「何らかの落ち度がある子どもが仲間はずれにされてしまうという構図」を変えないことがポイントです。

　なお、「落ち度」は、相手を害する意図を持って行ったことではなく、「うっかりやってしまった」ことにするのが望ましいです。害する意図を持った行為に対しては、それ自体がいじめではないかという意見が多数出てしまうため、議論がより複雑化するからです（本事例でもそうした意見が出ることがあり、それについては後の「コラム①」で解説します）。

(2) 子どもたちへの意見の求め方

　さて、本事例を用いた具体的な授業の進め方ですが、子どもたちに意見を求める際、

(i) Aさん、Bさん、C・D・Eさんのうち、誰が一番悪いと思いますか。

(ii) Bさんたちの行いは「いじめ」だと思いますか。

といった質問を行うことが考えられます。「悪いと思う理由」や、

「『いじめ』と思う理由／思わない理由」を掘り下げていくことで、さまざまな論点を顕在化させていくのです。

なお、「誰が一番悪いか」という問いの立て方は、子どもたちにネガティブな指摘をさせることになりますので、必ずしも好ましくはないと考えています。ただ、そうした議論の進め方をすると、子どもたちがどんどん本音を言ってくれますし、子どもたちには「わかりやすい」ようです。

ですから、弁護士チームの弁護士たちは、「この授業においては議論のためにネガティブな指摘をしてよい」という前提をあらかじめ言ってみたり、「悪い」という言葉を「あまりよくない」と変えてみたりするなどして各自工夫をしています。(i)の質問を行わず(ii)の質問だけを行う者もいます。

ただ、本書では、ひとまず「わかりやすさ」を優先して、「誰が一番悪いか」という問いを立てたとして説明します。

(3) 事実を丁寧に確認する

(i)の質問と(ii)の質問には、それぞれ異なる役割があります。(i)で「悪いと思う理由」を聞いていくことで、前提事実（事例に記載されている事実）の確認をし、(ii)で「『いじめ』と思う理由／思わない理由」を聞いていくことで、クラス内の「いじめのイメージ」を確認しています。

たとえば、「Bさんは仲間はずれをしているから一番悪い」と子どもが答えた場合、事例のうち何番と何番の事実をもって「仲間はずれをしている」と思ったのか、それらの事実を「仲間はずれ」と思った理由はなぜか、といったことを質問していきます。

この事例は、日常にありふれた内容と言えるため、子どもが事例に書かれていない事実を自己の経験や想像力で補ってしまう可能性

があります。また、Bさんたちの行為はどれも「過激なもの」とまでは言えないため、Bさんたちの行為が何を意味するのか、あまりよくわからない子どもも中にはいます。事実を一つ一つ丁寧に確認し、議論を行うための土壌を築いていくことが大切です。

【最低限確認すべき事実】
① DVDに傷が付いていたことにAさんが「気付いていた」と断定できるか。
② できないとすれば、それはなぜか。
③ 誘っていない遊びの話をAさんの前であえてする、という行為は何を意味するのか。
④ 5人がおそろいで付けていたキーホルダーを外して4人だけが新しくおそろいのものを付ける、という行為は何を意味するのか。

【実際に出た意見のうち代表的なもの】
(ⅰ)Aさん、Bさん、C・D・Eさんのうち誰を一番悪いと思うか、(ⅱ)この行為を「いじめ」であると思うかという点は、クラスによって回答の占める割合が全く異なります。

あるクラスでは、「Aさんが最も悪いと思う子どもが9割、いじめだと思う子どもが2人」でしたし、また別の学校のあるクラスでは、「C・D・Eさんが最も悪いと思う子どもが6割、いじめだと思う子どもが過半数」であったりもしました。

なお、質問の選択肢に「全員悪い」を入れると、多くのクラスで「全員悪い」が8割を超える傾向にあります。また、「いじめ」に当たるか否かについても「わからない」という選択肢を入れると、多くがその選択肢を選びます。

クラスの雰囲気や議論の進め方によっては、結論を一つにしない

そうした選択肢を入れた方がスムーズに進む場合もありますので、こうした傾向をふまえつつ、授業を進めやすい選択肢を検討してみてください。

　以下、参考までにこれまで子どもたちからあがった意見のうち、代表的なものを掲載します。

〈Aさんが最も悪いと思う根拠〉
・謝っていない
・そもそも原因を作ったのはAさん
・大事なものを傷付けるのは悪い
・Aさんは何度もこういうことをやってきたのではないか
・自分も大事なものに傷を付けて返されたという経験があり、許せない

〈Bさんが最も悪いと思う根拠〉
・Aさんに直接言っていない
・関係ないC・D・Eさんを巻き込んでいる
・大事なDVDを貸した方が悪い
・人に貸す以上は、多少傷が付いて返ってくることを想定しておくべき
・AさんをみんなでなかまはずれにしようとしているⅠ

〈C・D・Eさんが最も悪いと思う根拠〉
・AさんとBさんの問題なのに首を突っ込んでいる
・Aさんの言い分を聞いていない
・Bさんに便乗している

〈いじめとまでは言えないと思う根拠〉
・殴ったり蹴ったりしたわけではない
・いじめたという証拠がない。証拠（物証）が出たらいじめ

- 誰が見ても、外から見てもいじめとわかる行為でなければいじめとは言えない
- Ａさんが嫌だと言っていない
- そもそもＡさんが悪いので、このくらいされても仕方ない
- 友達同士の中でよくある「すれ違い」「ケンカ」
- Ａさんが死ぬくらいまで追いつめられて初めて「いじめ」

【解説のポイント】
(1) Ｂさんらの行為は法律上の「いじめ」

いじめ防止法は、法律上の「いじめ」を以下のように定義しています。

> （定義）
> 第二条　この法律において「いじめ」とは、児童等に対して、当該児童等が在籍する学校に在籍している等当該児童等と一定の人的関係にある他の児童等が行う心理的又は物理的な影響を与える行為（インターネットを通じて行われるものを含む。）であって、当該行為の対象となった児童等が心身の苦痛を感じているものをいう。

これを子どもたちにこのまま提示してしまうのは、あまりに難しすぎるため、普段の授業では「やられた人が心身の苦痛を感じること」と簡略化して説明しています。そして、心身の苦痛とは、「辛い、悲しい、痛いなどと感じること」と説明しています。

本事例では、Ａさんは「辛い、悲しい、学校に行きたくない」（事例の場面⑩）と感じているので、Ｂさんらの行為は法律上の「いじめ」に該当します。

(2) いじめの定義を解説する際のポイント

いじめの定義を解説する際のポイントは、次の3つです。

> (i) 法律上の「いじめ」の判断にあたっては、本人の落ち度や加害者の人数は無関係であること
> (ii) 「心身の苦痛を感じていること」と「いじめと感じていること」は大きく異なること
> (iii) いじめ防止法の目的は「いじめの防止」であり、「加害者へのレッテル貼り」ではないこと

これらについて、以下に法的な視点から解説します。なお、実際の授業では、ここに記載するような法律用語を用いた解説を行ってもよいと思いますが、ハードルが高いようであれば、法律用語を用いない説明の仕方もそれぞれ記載していますので、参考にしてみてください。

(i) 法律上の「いじめ」の判断にあたっては、本人の落ち度や加害者の人数は無関係であること

前述のとおり、いじめに当たるか否かは、本人が「心身の苦痛」を感じているか否かのみで判断されます。本人の落ち度や加害者側の人数は無関係です。

本事例においては、「Aさんも悪いのだからいじめではない」という意見が多数出ますが、こうした意見は誤りである旨はきちんと明示する必要があります（フォローについては(iii)を参照）。

また、本事例とは直接関係ありませんが、よく「1対1はけんかであり、いじめではない」と考える子どもがいます。しかし、法は加害者の人数を要件としていませんので、この考え方も原則として

誤りです。また、一見けんかに見えるような行為であっても、実際は当事者に支配関係や力関係の差がある場合もあるので注意が必要です。

　では、法がいじめの該当性に関し、なぜ本人の「心身の苦痛の有無」を中心に検討することを求めているのかというと、いじめの早期発見と重大化の防止のためです。

　すなわち、前述のとおり、1対1のいじめも存在するものの、多くの場合、いじめは1対多で行われます。そして、人は1人では絶対にやらないようなことでも、集団になると簡単にできてしまいます。いわゆる集団心理です。行為の内容も、どんどんエスカレートしていきます。ですから、重大化防止のためには、「いじめ」に早期に気付き、このエスカレートを確実に止めなければなりません。

　また、他者による"（客観的に見て）些細な行為"が思いがけず被害者に重大な苦痛を与えてしまうということは十分にあり得ます。そして、どの程度の苦痛を感じたら限界がきてしまうかは個々人で異なる上、現時点でどのくらい限界に近づいているのかも他者にはわかりません。気付いたときには手遅れという事態は何としても避けなければなりません。

　ですから、いじめによる自死や不登校を本当の意味で「防止」したいのであれば、本人が苦痛を感じているか否かを基準とし、そうした行為をしないようにみんなが心がけていくことが大切です。また、現に苦痛を感じてしまっている誰かがいる場合、そのことに一刻も早く気付いてあげることが望まれます。

　そうした「心がけ」をみんなの共通認識とするために、法は「いじめ」を前述のように定義しているのです。

〈法律用語を使わずに説明するには〉
・これまで起きた多くの悲しい事件は、些細な悪口やからかいなどが、どんどんエスカレートしてしまっていた。
・エスカレートしてからいじめだと気付いても、それを止めるのはとても大変。
・また、被害者がどれほど追いつめられているかは、外からはわからない。思ったより早く限界がきてしまうかもしれない。
・だから、早い段階でみんなが気付いて、エスカレートを止めることが重要。そうすれば悲しい結果を止められる可能性が高い。
・友達の辛い気持ちに早く気付けるよう、Bさんたちの行いのようなものも「いじめ」ということにして（重大なものとして）、みんなで対処していくことが大切。
・そのためには、加害者の人数や被害者の落ち度に関係なく、「相手が苦痛を感じているか」という点にみんなで向き合っていく必要がある。

(ii) 「心身の苦痛を感じていること」と「いじめと感じていること」は大きく異なること

　いじめの定義に関して、よく「相手が『いじめられている』と思ったらいじめだ」という考え方を耳にすることがありますが、これは大きな誤解です。いじめの該当性は、本人が心身の苦痛を感じているという「事実」によって判断されるのであって、本人が加害行為をいじめと「評価」しているかで判断されるわけではありません。法的には、事実と評価は大きく異なる概念です。

こうした誤解は、本人が「いじめ」と認識していなくても、心身の苦痛を感じている場合があることを見落としてしまいます。本人が「いじめられていると言っていない／思っていない」からといって、「いじめではない」と子どもたちが勝手に判断してしまうことのないようにしなければなりません。
　ですから、「心身の苦痛を感じていること」と「いじめと感じていること」は大きく異なり、本人が「いじめ」と思っていなくても心身の苦痛を感じていたらそれはいじめであることをしっかりと説明する必要があるのです。

> 〈法律用語を使わずに説明するには〉
> ・本人がいじめと認識していなくても、心身の苦痛を感じている場合はある。
> ・だから、本人が「いじめられていると言っていない／思っていない」からといって、「いじめではない」と判断しないようにしよう。

(ⅲ)　いじめ防止法の目的は「いじめの防止」であり、「加害者へのレッテル貼り」ではないこと
　「いじめ」という言葉は、とても強い言葉です。Ｂさんたちの行為がいじめと評価された途端に、「Ａさん＝被害者・善人、Ｂさんたち＝加害者・悪人」といった構図があたかも固定されてしまったかのような空気になってしまいます。実際の授業では、Ｂさんたちの行為が法律上のいじめに該当することを明示した途端に、教室が静まり返ってしまうことが多くあります。

ですから、授業のどこかで、いじめ防止法の目的は「いじめの防止」にあるのであって、けっして「加害者のレッテル貼り」や「加害者叩き」にはないことを説明するようにしています。
　事実、同法は、いじめを禁止（法４条）していますが、これに違反した場合の罰則はありません。
　また、「いじめ」を本人の心身の苦痛を基準に広く捉える以上、法律上の「いじめ」に該当したからといって、必ずしもただちに加害行為の違法性が高いと評価されてしまうわけではありません。Ｂさんたちの行為と、被害者から数十万円ものお金を巻き上げたり、大きな怪我を負わせてしまったりするような行為とが、同じ「いじめ」でも違法性の程度が異なることに違和感を抱く人は少ないと思います（なお、後者は、いじめ防止法とは別に刑法上の恐喝罪や傷害罪に該当する可能性が高いです）。
　ですから、本事例のような場合、Ｂさんたちの行為がいじめと評価されるような「けっしてやってはならないこと」であることが理解できればそれで十分であり（理由についての解説は(3)参照）、それを指摘されたＢさんたちは、そのことをしっかりと受け止めた上で素直にＡさんに謝罪すればよい、その後の行動を改めればよいということになります。
　エスカレートする前に早期にいじめを発見できれば、その分違法性の程度も低いわけですから、十分な謝罪と行動の改善を行うことで解決できるのです。「加害者のレッテル貼り」や「加害者叩き」などもってのほかであり、それこそ法の趣旨に反します。

〈法律用語を使わずに説明するには〉
・加害者へのレッテル貼りや加害者叩きは全く目的にしていな

い。「Bさんはいじめっ子だ」などと言って責め立てることには意味がない。
・早い段階で気付けば、いじめの程度はそれほど深刻ではない可能性が高い。だから、その場合、いじめを指摘された人は、素直に相手に謝って、これから気を付けていけばよい。

(3) 「全員悪い」という考え方は危険

　本事例は、Aさん側に落ち度がある内容であるため、大人でも「全員悪い」という結論になってしまいがちです。実際に、弁護士チームが授業を行った後、そのクラスの担任の先生が、「この事例は全員がそれぞれ悪いですね。友達から借りた物は大切にしなければならないし、友達を仲間はずれにするのもいけません」というまとめを行ったということを耳にしたことがあります。

　以来、この「『全員悪い』という考え方は危険である」ということを、必ず授業の中で明示するようにしています。この考え方こそがいわゆる「いじめられる方も悪い」という考え方だからです。

　教員の方々に「いじめられる方も悪いと思いますか？」と正面から質問を投げかければ、多くの方がNOと回答すると思います。しかし実際は、「（違法性の程度の低い）いじめ」の被害者の落ち度と、加害者の行為を同列に扱ってしまうことはあるようです。これは、加害者に対して「被害者も同じくらい悪かったのだから、自分たちはそれほど悪くなかった」と思わせることに繋がり、とても危険です。加害行為のエスカレートを止められない可能性があります。

　ですから、「全員悪い」という結論にすることなく、たとえAさんに落ち度があったとしても、Bさんたちの行為がけっして許されないことをきちんと明示する必要があります。いくら相手に腹の立

つことをされたとしても人を殴ってはいけないのと同様、自分の腹立たしさや嫌な気持ちを解消する手段として相手に苦痛を与えるという手段を「選択」してはいけないのです。

　また、ＡさんはＢさんのＤＶＤを傷付けていますが、それは法的に言えば財産権の侵害に当たります。他方、Ｂさんたちが傷付けたものはＡさんの尊厳であり人格権です。財産はお金を支払うことで回復することができますが、傷付いた尊厳や人格はお金では回復できません。ですから、法律上、財産権と人格権は同等の価値とは考えられていません。Ａさんの行為とＢさんたちの行為を同等に考えることは、ＤＶＤとＡさんの尊厳を同等に扱うに等しい、つまりＡさんの尊厳を軽視することに等しいことには十分な注意を払わなければなりません。

〈法律用語を使わずに説明するには〉
・「どちらも悪い」「借り物を大事にしなかった以上、多少仲間はずれにされても仕方がない」という考え方は、「いじめられる方も悪い」という考え方。
・たとえ腹の立つことを言われたとしても相手を殴ってはいけないのと同じく、嫌なことをされたからといって相手に苦痛を与えるという手段を「選択」してはいけない。
・ＤＶＤはお金を払ったり、新しい物を買って渡したりしたら元に戻る。しかし、人の心はお金を払っても元には戻らない。
・「どちらも悪い」とすることは、お金で買えるＤＶＤとお金では買えないＡさんの心を同じ価値であると考えるのと同じ。本当にそれでよいのか。

⑷　Bさんたちはどうすればよかったか
　子どもたちからもたくさんの意見が出ると思いますが、大人が示す結論としては、「相手に苦痛を与えるという手段以外なら何でもよい」というものが望ましいと考えています。
　子どもたちからよく出る意見として、「Bさんは、DVDに傷が付いていたことを直接Aさんに言うべきだった」とか「C・D・Eさんに話さない方がよかった」といったものがあり、それ自体はとても美しい姿勢であり、尊重されるべき意見です。しかし、人は常に強く美しい姿勢を貫けるわけではありません。
　また、そうした姿勢を「模範」としてしまうと、教室が「ああすべき、こうすべき」で溢れ、閉塞感を生んでしまう可能性もあります。閉塞感はストレスを生み、ストレスはいじめを生じさせます。いじめ予防授業を行うことでいじめが増えるなどという笑い話にもならない事態を避けるためにも、解決策の提示はできる限り「前向きで制限のない形」で行われるのが望ましいと思います。
　そうした観点からすれば、「Aさんに腹が立つBさんの気持ちはよくわかる。腹が立つこと自体は自然であり、全く問題はない」「本人に直接言えないという気持ちもわかる」「友達に愚痴を言いたいときもある。その後の行動にさえ気を付ければ、Bさんが話をしたこと自体は問題ではない」といった発言を積極的に行い、人の負の側面を認めながら解決手段を考えていくことが望ましいでしょう。それが、机上の空論ではない深い学びや寛容な土壌を作っていくことに繋がると思います。

　コラム①　「AさんもBさんをいじめている！」
　法律上のいじめの定義を紹介した後、アンケートなどで「AさんもBさんに嫌な思いをさせているのだから、Aさんのやっていること

ともいじめではないですか？」という質問を受けることがあります。本人が「心身の苦痛を感じていること」を基準にすれば、BさんはDVDを傷付けられて嫌な思いをしていますから、確かにAさんの行為も「いじめ」に該当するように思えます。

　まず、Aさんが故意に（わざと）BさんのDVDを傷付けたのであれば、いじめに該当する可能性は高いです。ただ、本事例に関して言えば、「わざと傷付けた」と思う子どもはほとんどいないため、この可能性を検討する必要性はそれほど高くないでしょう。

　問題は、Aさんが過失で（うっかり）傷付けた場合です。この点については、実は、法律家の間でも見解が分かれるところだと思います。いじめであると結論付ける法律家も多いかもしれません。

　ただ、私の個人的な見解としては、Aさんが過失でDVDを傷付けた場合、「いじめではない」と結論付けることもできると考えています。さまざまな説明（解釈）の仕方がありますが、ここでは1つだけ紹介します。

　それは、「心理的又は物理的な影響を与える行為」の中に、過失行為は含まれないという解釈です。仮に過失行為が含まれるとすると、「廊下で偶然ぶつかった」といった事故として扱われるべき行為までいじめに該当してしまいます。また、いじめ防止法4条はいじめを禁止していますが、"うっかり"をあらかじめ禁止することなどできません。できるとすれば、うっかりの"結果"に対して何らかのペナルティを課すことくらいです。ですから、同条からも「心理的又は物理的な影響を与える行為」は、原則として故意行為を前提としていると考えられます。

　ですから、子どもたちからそういった主張が出た場合、「Aさんの行いが"うっかり"ならば、いじめとは言えないと思う」と答えても、必ずしも誤りではないと私は思います。心配な場合は、「仮

にいじめだとしても、Aさんの行為とBさんの行為は全く性質が違う」と授業中に解説したことをもう一度丁寧に説明してあげてください。

近年、いじめ防止法の定義について、「何でもかんでもいじめになってしまう」という理由から、法改正して要件を付け加えた方がよいのではないかという議論もあります。しかし、同条項の運用をより実情に即したものにするには、法解釈という手段もあります。

同法はいじめの防止・被害者保護を目的とする法律ですから、被害者の声に適切に耳を傾けて、より柔軟に対応できるようにする必要があります。また、そのようにすることが加害者側を指導する際にも重要になってくるでしょう。ですから、改正の議論と併せて解釈の議論も行っていくことが大切であると感じています。

コラム②　「うっかり」と「そんなつもりじゃ……」の違い

"うっかり"がいじめではないと論じると、次に出てくる議論が「自分の行いを"うっかり"いじめと認識していなかった加害者の行為は、いじめに当たらないのではないか」というものです。つまり「いじめたつもりはなかった」という加害者の言い分が通るか、ということです。

この点、コラム①で紹介した過失行為と「自分の行為が『いじめ』だとは思わなかった／いじめたつもりはなかった」という言い分とでは、法律上の性質が全く異なります。

過失行為とは、そもそも当該行為そのものをするつもりがなかった、まさに「うっかり」を意味します。

他方、「いじめだとは思わなかった」という言い分の場合、仲間はずれなどの行為を行うこと自体は認識しています。行う意思を持って行っています。ですから、その行為は過失行為ではなく故意行

為です。当該故意行為が「いじめ」の評価を受けることを知らなかった・理解していなかったにすぎません。

したがって、たとえ本人にいじめたつもりがなかったとしても、「"うっかり"だから『いじめ』にあたらない」ということにはならないのです。故意行為である以上、本人の認識が何であれ、それは「心理的又は物理的な影響を与える行為」です。

教室でそうした疑問が生じた場合、または実際に加害者側からそうした言い分が出た場合は、「加害者にそのつもりがなくても、相手が心身の苦痛を感じていればいじめになる」という原則を丁寧に説明してあげてください。

2 「いじめの構造」を学ぼう──「合唱コンクール事例」

　いじめの定義を学んだ後は、いじめの四層構造を学び、一人ひとりがどう心がけていれば、いじめの重大化を防げるかを考えます。

　事例を検討しながら、子どもたちが日々感じている教室の「空気」をモデル化・可視化することで、それぞれの行為がいじめにどう影響していくかを客観的に見ることができます。

　また、後述するように「大きなYES」、「小さなNO」といった言葉を定着させることにより、自分の行動がいじめやクラスの空気にどのように影響を与えるかを意識しやすくします。たとえば、悪口に安易に同意してしまうことに対して、「それは『大きなYES』を発しているのと同じだよ（だからやめよう）」等と指摘することができるようになります。

【いじめの構造を学ぶ：合唱コンクール事例】

① 　Aさんの学校では、毎年合唱コンクールがあります。下級生でも優勝できるため、どのクラスもとても真剣に取り組みます。

② 　Aさんのクラス（40人）では、みんなからの信頼が厚い学級委員のBくんが指揮者に選ばれました。

③ 　Bくんの発案で、朝練を毎日30分間やることになりました。この提案には、みんな大賛成でした。

④ 　ところが、実際に朝練が始まると、ソプラノパートのCさんだけが毎回10分だけ遅刻してきます。Cさんは、いつもより早く起きるのがどうしても苦手なようでした。

⑤ 　クラスの中でも特に真剣に練習に取り組んでいたDくんたち4人は、これに不満を持ち、「Cさんはやる気がない」

「指揮者のBくんがかわいそうだ」「これで負けたらCさんのせいだ」などと言い始めました。

⑥ そのうち、Dくんたちは、慌てて教室に駆け込んでくるCさんの姿を面白おかしくまねしたりするようになりました。

⑦ それを見て、クラスの15人ほどの生徒が大きな声で笑ったりするようになりました。

⑧ その様子を指揮者のBくんは、ただ静かに見ていました。

⑨ ある日、ついにDくんたちがCさんのことを「遅刻魔」「ナマケモノ菌」などと呼び始めたので、クラスの中でCさんに話しかける人は誰もいなくなってしまいました。

⑩ Aさんは、「このままではいけない。なんとかしなければ」と思いましたが、何もすることができませんでした。

【授業の目標】

①いじめの定義の復習

②相手に落ち度があるからといって、解決手段として相手に苦痛を与える手段を「選択」してはいけないことの復習

③「いじめの四層構造」に対する理解

④「傍観者のすべきこと」に対する誤解を解く

⑤「大きなYES」「小さなNO」といった言葉を定着させる

【基本的な授業の進め方】

(1) 概要

2回目は、ワークシートを用いてグループワークを行います。後述のとおり、〈ワーク1〉は各登場人物の気持ちを想像するワークを、〈ワーク2〉は各当事者の取り得る手段を検討します。

この事例は、多くの学校において開催される合唱コンクールを舞

台にしており、どこの学校でも議論が白熱します。場合によっては合唱コンクールの練習期間中に授業を行うこともあり、その場合は個別のクラスの事情に応じた配慮が必要となる場合もあります。

ただ、そうした期間中でもこの内容で授業を行うことができるのは、私たち弁護士がゲスト講師で、「この事例はこの学校をモデルとしたものではない」と明言できるからという側面も多分にあります。

ですから、この授業を行う場合は、可能な限り実際の合唱コンクールの練習が始まるより前に行うことが望ましいと思われます。

また、DVD事例と同様、本事例が過去に実際に問題となった、または現在問題となっている事案と似通っている場合は、合唱コンクールを体育祭に変えたり、被害者になってしまう原因を遅刻ではないものに変えたりするのがよいでしょう。ポイントは、「みんなが一つの目標に向かって頑張っている時に足並みを乱す児童・生徒がいじめられてしまう構図」を変えないことです。

(2) 最初に「いじめ」の事例であることに触れる

本事例の場合、ワークに入る前に「いじめの定義」を復習し、Dくんたちの行為が「いじめ」に当たることを確認すると進めやすいと思います。

この事例は、遅刻という自分の心がけ次第でなくすことができそうな落ち度がCさんにあります。そのため、DVD事例と同様、時にはそれ以上に力強く「これはいじめじゃない！　100％Cさんが悪い！」という意見が出ることがあります。また、意見として明示されなくても、内心ではみんながそう思っているという場合も多々あります。

そのような状況でワークを行っても、子どもたちが全くワークに集中できなかったり、どのような意見を求めても「そもそもCさ

んが悪いし……」と議論が全く進まなくなってしまったりしかねません。

ですから、1時限より多めに時間を取れる等、よほど時間に余裕がない限り、定義の復習（いじめである旨の明示）は最初に行うことをお勧めします。

(3) **定義復習の際の注意点**

DVD事例と異なり、本事例はあえてＣさんの気持ち（辛い、悲しいなど）を明記していません。実際の場面では、多くの場合、被害者が自己の気持ちを明示することはないからです。また、2回目の授業ですから応用編としてより進んだ議論を行うことも目的としています。

そのため、子どもたちからは「Ｃさんの気持ちが書いていないのでわかりません」とか「Ｃさんが何も言っていないので、これはいじめではありません」といった意見が出ることがあります。

いじめ防止法は、いじめの早期発見・重大化防止を目的としていますから、被害者が心身の苦痛を感じていることを明示していないからといって「心身の苦痛を感じていない」と勝手に判断することはできません。むしろ、客観的に見て本人が苦痛を感じていることがわかる状況であったり、「同じことをされたら多くの子どもが心身の苦痛を感じる」と言えるような状況であったりする場合は、その子どもが「心身の苦痛を感じている」と判断することが求められます（いじめの防止等のための基本的な方針〈以下「国の基本方針」〉第1の5参照）。

ですから、本事例でも、特に場面⑨のような行為は多くの子どもが心身の苦痛を感じる行為であり、Ｃさんも心身の苦痛を感じている可能性が高いと言えますので、法律上の「いじめ」に該当します。

〈法律用語を使わずに説明するには〉
・いじめを防止するためには、同じことをされたら多くの人が「辛い、悲しい」と思うような行いも「いじめ」と考えて、早めに対処することが大切。
・被害者が自分から「辛い、悲しい」などと言い出すのは難しいし、多くの場合そのようなことは言わない。だから、「辛いと言っていないからいじめではない」と考えて対応が遅れることがないようにしよう。

〈ワーク1〉
　各場面での登場人物の気持ちや考えを想像し、箇条書きしてみましょう。

(1)　場面⑤のDくんたち
　Dくんたちは、どんな状態で朝練をしたかったのでしょうか。何度も遅刻してくるCさんのことをどんな風に思っていたのでしょうか。どうしてほしかったのでしょうか。

(2)　場面⑦で大きな声で笑った15人ほどの生徒たち
　15人ほどの生徒たちは、なぜ「大きな声で」笑ったのでしょうか。どんな気持ちだったと思いますか。

(3)　場面⑩のAさん
　なぜAさんは、Cさんをかわいそうと思いながらも何もできなかったのでしょうか。

(4)　場面⑧のBくん

　なぜBくんは、Cさんを怒らなかったのでしょうか。みんながDくんたちのモノマネを笑っていても、特に笑うこともなく、みんなの様子を静かに見ていたのはなぜでしょうか。どんな気持ちだったと思いますか。

(5)　場面④、⑥、⑨のCさん

　Cさんは、何度も遅刻する自分をどう思っていると思いますか。また、みんなに避けられるようになって、どんな気持ちだと思いますか。

　〈ワーク1〉は、各時点の各立場の「気持ち」を想像してもらうワークです。もちろん「答え」はありません。

　そして、この点については子どもたちそれぞれに感じ方があり、あえてそれを統一する必要はありません。ですから、グループワークではあるものの、グループ発表ではなく、個人に意見を求めるようにしています。同じグループの子どもの意見を聞き、参考にしながら自分の意見を固めていくという意味でのグループワークです。

　このワークを行う理由は、〈ワーク2〉で解決策を考える土壌を作るためです。「Cさんが100%悪い。Cさんさえ遅刻してこなくなれば解決する」といった空気を和らげない限り、子どもたちは解決策を真面目に考えようという気持ちになりません。Dくんたちの行為が法律上の「いじめ」に当たると指摘されても、本心では納得していない場合の方が多いでしょう。グループのメンバーの意見を聞きながら、それぞれの人の気持ちを想像してみることで、少しその空気を和らげることができます。

　また、テレビドラマや本の中の登場人物のような「悪人」の存在

によってのみいじめが起こるわけではなく、みんなの気持ちのすれ違いでもいじめは起こり得ることも再認識してもらいます。

【実際に出た意見のうち代表的なもの】
〈Aさんについて〉
- 自分もいじめられそうでこわいのだと思う
- 「やめなよ」と言えない気持ちはわかる
- よくないと思ったら、きちんとみんなに言うべき

〈Bくんについて〉
- Bくんは、「注意したら自分もいじめられる」と思ったのではないか
- Bくんは、Dくんたちと同じ気持ちだったから何も言わなかったのではないか
- Bくんは、自分の人気が落ちるのが嫌だったのだと思う
- Bくんが止めるべきなのに止めていない。Bくんが悪い
- Bくんさえしっかりしていればこんなことは起きない

〈Cさんについて〉
- 自業自得で全く理解できない。努力不足だと思う
- 自分も早起きが苦手だから気持ちはよくわかる
- 自分で自分を責めていると思う。かわいそう
- みんなで決めたことに従えない方が悪い
- 早起きできないなら、朝練に反対すべきだった

〈Dくんたちについて〉
- Cさんにきちんと練習に参加してほしかっただけ
- Dくんたちが怒るのは当然
- Cさんが悪いのだからこれはいじめではない
- 怒る気持ちはわかるけど、明らかにやりすぎ

・暴力をふるっていないし、あまり問題ないと思う
　・「ナマケモノ菌」って小学生レベル
〈大声で笑った15人について〉
　・Ｄくんたちを支持する気持ち。Ｃさんにムカついている
　・純粋にＤくんたちのモノマネが面白かっただけだと思う
　・Ｃさんが悪いのだからこのくらい仕方ない

【ワーク１：解説のポイント】
(1)　Ｄくんたちの「手段の選択」は誤っている
　それぞれの立場の気持ちを考えたとしても、やはりＤくんたちの方が正しいと感じてしまう子どもは多いです。
　したがって、本事例の場面⑤のＤくんたちの気持ちを理解または共感できるものの、その後のＤくんたちの行為については、解決手段の選択として誤っていることを明示する必要があります。不満を抱くこと自体に問題があるのではなく、手段の「選択」が誤っていることを明示することで、それ以外の手段を検討することの重要性を浮き彫りにします。

(2)　このクラスは優勝できるか？
　それでも「なぜ不真面目な人のために自分たちが気を遣ったり、頭を使ったりしなければならないのだ」と考える子ども、納得がいかない子どもはいます。そうした子どもたちのために、〈ワーク１〉の解説においては、「このクラスは本当に優勝できるか？」というやや視点を変えた質問を投げかけるようにしています。
　すなわち、このクラスは、合唱コンクールの「優勝」を目的としていますが、少なくとも場面⑨の状態においては、練習やクラスの団結を強めるために割くべき労力を「Ｃさんに対するいじめ」とい

う全く無関係なことに割いています。

　また、Dくんたちとしては、Cさんさえいなくなれば、それ以外の人たちが一致団結できると思っているのかもしれませんが、彼らは「排除」という手段を用いてみんなを「委縮」させているにすぎません。

　事実、私が子どもたちに対してある質問をすると、興味深い返事が返ってきます。その質問というのは、「クラスが場面⑨の状態のときに、あなたはうっかり寝坊してしまいました。どう頑張っても朝練に10分以上遅刻してしまいます。どうしますか？」というものです。

　これに対して子どもたちは、「1時限目だけ休む」「その日は1日休む」「親に裏工作を依頼する」など、体調不良や家の事情で休まざるを得なかったように演出する方法、つまり寝坊の事実を隠ぺいする方法をたくさん教えてくれるのです。取り繕わないとCさんのように排除されてしまうことがよくわかっているのでしょう。こうした"不寛容な空気"に、子どもたちがかなり敏感であることがわかります。

　仮に10分遅刻したとしても、クラスに「受け入れる空気」さえあれば残りの20分はきちんと練習できます。「受け入れる空気」のあるクラスと、「排除」により委縮してしまっているクラスとでは、その実力に差が出てきてしまうのは明らかでしょう。

　したがって、実は、Cさんのためだけでなく、優勝したいDくんたちのためにも「Cさんをいじめる」以外の手段を選択する必要があるのです。その必要性を教室のみんなで共有することができてはじめて〈ワーク2〉に進むことができます。

> 〈ワーク2〉
> Cさんが場面⑨の状況に置かれてしまうことを避けるため、Aさん、Bくん、Dくんたち、大きな声で笑った15人は、それぞれどの時点でどんなことができたと思いますか。場面を3つ選び、できることを思い付くかぎり書きましょう。

〈ワーク2〉では、どの立場の人がどの場面で何をすればこういったことが避けられるかという解決策を具体的に考えてもらいます。

全登場人物を検討するほどの時間は取れないことが多いので、各班に登場人物を割り当て、その人物についてのみ検討し、意見を発表してもらいます。

【実際に出た意見のうち代表的なもの】
・Cさんが遅刻してきた時点でハッキリと注意する
・Cさんにモーニングコールする。または一緒に学校に行く
・Cさんが1人でいるときに声をかける。メールする
・モノマネを始めた時点や遅刻魔などと言いだした時点でDくんたちに注意する
・BくんにDくんたちを注意するように言う
・何人かでDくんたちに注意する
・Cさんのモノマネ以外の別の面白いことをやって場を和ます
・15人の生徒が笑ったときに「面白くない」と言う
・先生に状況を報告して相談する
・朝練の中止を提案する。または朝練を20分にする
・朝練を任意参加にする
・昼練や放課後練にする

・合唱コンクールを任意参加にするよう生徒会などに提案する
・合唱コンクールを廃止する

【ワーク２：解説のポイント】
(1) いじめには「構造」がある

　いじめが「四層構造（被害者、加害者、観衆、傍観者）」となっていることは周知の事実です（詳細は、森田洋司『いじめとは何か』〈中公新書、2010〉を参照）。本事例の場合は、被害者：Ｃさん、加害者：Ｄくんたち４人、観衆：大声で笑った15人、傍観者：Ａさん、Ｂくんを含む20人ということになります。

　そして、次頁のように図示しながら解説することにより、各班が検討した手段がどのような意味を持つ行為なのか、ということを意識してもらいます。

(2) YESの連鎖が教室の「空気」

　いじめの四層構造論によって、いじめは加害者と被害者の二者間の問題として見るべきではなく、教室にいる他の生徒たちにも関わる問題として見るべきことが明らかになりました。現在、学校現場で広く認知されていることが示すように、この理論は"学校のクラス"を経験したことがある多くの人々の経験則にも合致するところでしょう。

　提唱者である森田洋司先生によれば、四層構造の各立場は、互いに影響を与え合っており、傍観者の中から仲裁者やいじめに否定的な者が現れればいじめに対する抑止になり、逆に面白がったり見て見ぬ振りをしたりすればいじめを増幅させると言います。

　そこで、私はこの四層構造論をベースにそれぞれの層の間の力関係を矢印を書き加えることで表すことにしました。これを、より子

どもたちに身近な言葉を使って説明すると「空気」ということになります。それが、次の「いじめの四層構造と『YES・NO』の空気」です。こうすることにより、教室でいじめを許す空気ができあがっていく様子を「大きなYES」、その空気を変える方法を「小さなNO」として、視覚的な説得力をもって説明することができました。

　この結果、最も伝えたいことである「みんなが少しずつ動くことが大切である」という点がしっかりと子どもたちに伝えられるようになったと感じています。

いじめの四層構造と「YES・NO」の空気

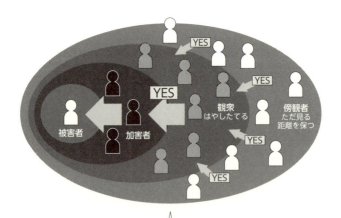

観衆は加害者に対して「大きな YES」を送っている。傍観者は気付いているけれども特に何もしない、または無関心という意味で、観衆ほどではない「小さな YES」をたくさん送ってしまっている。この大きな YES と小さな YES の連鎖が教室の「空気」

第1章　いじめ予防授業

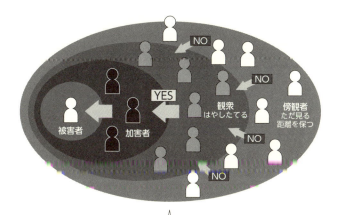

この教室の「YES の空気」を変えるには、まずは最も人数の多い傍観者が「小さな YES」を「小さな NO」に変えることが必要

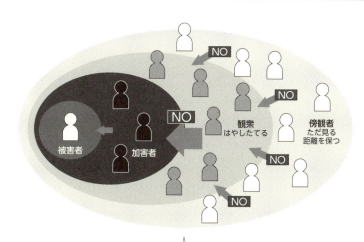

傍観者が「NO」の雰囲気になっていけば、観衆も「NO」になっていく。そして、結果的にいじめを許さない空気になっていく

※図は、いじめの四層構造（森田洋司）から、ストップいじめナビが作成

(3) 「Cさんを庇おう！」「Bくん頼み」は慎重に

　一般に、いじめ問題を大人が語ると「傍観者はいじめをしているのと同じ」という理由のもと、「身を挺して被害者を庇いましょう！」といった論調になってしまうことがあります。教育現場でも、被害者を庇う存在であるいわゆる「仲裁者」がよいとされる傾向があるように感じます。

　しかしながら、前の図からも明らかなとおり、クラス全体が「YESの空気」のまま被害者と加害者の間に立つことは、被害者の代わりに全てのYESを一身に受けるのとほぼ同じです。これができる子どもはとても立派であるとは思いますが、かなりリスクの高い方法であることは間違いありません。

　実際、子どもたちからも、「自分がいじめられるかもしれないから、見て見ぬ振りをするのは仕方がない」という意見はとても多く出ます。

　また、庇う人数を増やすなどして、リスクを多少減らしたとしても、加害者たちとの直接対決は相当心理的ハードルが高いでしょう。「貸したDVDを傷付けられた」という正当な主張すら面と向かって言いにくいという子どもたちが多い中、直接対決の要求はやはり重すぎるように感じます（もちろん、これが可能な子どもたちが多くいるのは素晴らしいことだと思います）。

　ですから、ハードルの高い手段を子どもたちに求めて見て見ぬ振り（小さなYES）を増やすことのないよう、「Cさんを庇う」以外の選択肢がたくさんあること、みんなができる範囲で少しずつ動くことが大切であることを明示するのが望ましいと考えています（詳細は後述します）。

　これは、「Bくんがしっかりすればよい」といった、特定の役割を担う少数の子どもに責任を押し付けてしまうような論調に対して

も同様です。いくらBくんに影響力があるとしても、1人でYESの空気に逆らうのは必ずしも容易ではありません。みんなで協力していくことの重要性を強調していくことが大切です。

(4) 傍観者にできること

　以上のような議論をふまえた上で、より実現可能な「小さなNO」の出し方を解説していきます。具体例としては、「通報者」や「シェルター」「スイッチャー」などがあります（詳細は、荻上チキ『いじめを生む教室』PHP研究所、2018）。

　「通報者」とは、文字どおり「通報する人」です。加害者に対して直接「大きなNO」を突き付けるのは難しいですが、大きなNOを突き付けてくれる人を連れてくることはできます。多くの場合、この役割を担うのは教員になるでしょう。

　子どもの世界では「チクリ＝悪、卑怯」というイメージがありますので、「通報者」の説明をする際にはチクリは悪でも卑怯でもないこと、いじめを行う方がよほど卑怯であることをきちんと明示してあげるとよいと思います。また、チクリは、バレると己の身が危うくなるのが「実務」ですので、必ずバレないようにこっそり行うこと、先生もその点はきちんと配慮することを正面から論じてあげるとより安心できると思います。

　「シェルター」とは、被害者の「逃げ場」になる人です。本事例においては、Cさんに声をかけたり、メールをしたり、Cさんの話を聞いてあげたりする人のことを言います。ただし、Dくんたちの前でCさんに直接話しかけることは「Cさんを庇う」のと同等のリスクやハードルがあると思いますので、「Dくんたちの見ていないところでこっそりやってもよい」「メールなど、周りに気付かれにくい手段でもよい」ということを積極的に言及するのがよいで

しょう。何度も言うようですが、「自分の危険を省みず行動するのが美しい」かのような空気にしてしまうのは、行動のハードルをいたずらに上げてしまうことに繋がります。

「スイッチャー」とは、文字どおり「スイッチする人」、つまり空気を変える人を言います。悪口や不穏な空気が生じたら、話題を変えるなどしてその場の空気を変えるのです。

本事例の中で直接用いるのは少し難しいですが、【実際に出た意見のうち代表的なもの】の中の「Cさんのモノマネ以外の別の面白いことをやって場を和ます」というものがこれに当たります。この他には、Cさんの悪口が始まったら次の時間のテストや宿題の話題にしてしまうなどが考えられるでしょう(「弁護士的な」悪口のスイッチのコツについては後述します)。

こうしたさまざまな手段を提示するのは、やるべきことのハードルを下げて、みんなが動けるようにすることが目的です。

ですから、これらに限らず、「傍観者同士で『あれはよくない』と話題にし合うだけでも空気はNOの方に変わっていく」と言及するなど、"ほんの少し"でも動くことに意味があり、大切であることを強調するようにしてください。

コラム③ 遅刻するCさんは不真面目!? ワガママ!?

Cさんがいじめられてしまうきっかけを遅刻にしたのは、一般に遅刻が「悪いこと」であり、本人の姿勢次第で「改善できる」と思われていることだからです。つまり、「それはCさん個人の問題で、クラスの問題ではない」と思われやすい事情だからです。

どこからが「個人」の問題で、どこからが「みんな」の問題なのか、その境目を見極めることはとても難しいことです。そもそも、それを厳密に見極める必要が本当にあるのかについても議論の分か

れるところでしょう。
　ただ、この事例を通して子どもたちに考えてほしかったことは、
・「みんなができること」をできない人はどうすればよいのか
・「どうしてもできないこと」が「みんな」の迷惑になるときはどうすればよいのか
・そうした人のために「みんな」は何ができるのか
ということです。
　Cさんの遅刻を甘え・不真面目といった評価で片づけるのは簡単です。でも、もしかすると、別の機会に別の内容で自分自身が「みんなができること」ができない立場に置かれるかもしれません。子どもたちには、そうした想像力を持ってほしいのです。
　また、仮に、他の誰でもなくCさん自身が「私はどうしても朝早く起きることができません。朝練に10分遅れることを許可するか、朝練自体を免除してください」と言ってきた場合、話も聞かずにワガママであると断じるようなこともしてほしくありません。自分の生きづらさを言葉にしたり、誰かに理解してもらおうと動いたりすることは、多大な勇気と心の体力が必要です。そうしたことを少しでも知ってほしいと思っています。
　「全員そろってしっかり練習したい」という強い気持ちを持ちながら、相手の事情に耳を傾けることはけっして容易なことではないでしょう。その「事情」が、自分にとって辛さを理解できないものであればなおさらです。私自身も、いつも理想的な態度を取れるわけではありません。
　しかし、「もしかしたら、ここは耳を傾けた方がよいのかもしれない」と立ち止まって考えることこそが大切なのであり、それができる子どもたちが少しでも増えていけば、「寛容な社会」は実現できるかもしれません。

3 「中立」を考えてみよう──「助けた後事例」

「小さな NO を出していくことが大切」と頭でわかっていても、実践するのはなかなか難しいものです。特に、「おせっかい」「でしゃばり」などという言葉が存在する以上、自分の行為や姿勢が本当に正しいだろうかと疑問に思ってしまうこともあるでしょう。

3回目の授業では、「中立」という概念について考えながら、「自分にできること」を考えていきます。

【「中立」って何だろう？：助けた後事例】

1 A、B、Cさんの3人はこれまでとても仲がよかったのですが、最近なぜかBさんがCさんにとても冷たく当たります。

2 Cさんが「かわいい」と言った服を「ダサい」と言ったり、「Cはセンスがなさすぎる」などと言ったりします。

3 あるとき、BさんがCさんに「ダサいから、一緒にいるのが恥ずかしい」と言ったので、Aさんは「Bはひどいよ！なんでそんなこと言うの？ Cがかわいそうだよ！」と言ってCさんをかばいました。

4 すると、その日から、Bさんは、Aさんを無視して、同じクラスのD、Eさんと一緒に行動するようになりました。Cさんも一緒です。

5 そして、B、Dさんの2人は、Aさんやクラスのみんなにも聞こえるような大声で「ダサいヤツがきたー」「キモイ」などと言うようになりました。

6 CさんとEさんは、それを見て笑っているようでした。

7 Aさんは、クラスに居場所がないと思い、辛い、悲しい、学校に行きたくないと思うようになりました。

第1章 いじめ予防授業

【授業の目標】
①いじめの定義の復習
②いじめの四層構造の復習
③傍観者にできることを考える
④「庇い方が悪い」はやめよう
⑤「中立」とは何かを考える

【基本的な授業の進め方】
(1) 概要

　3回目も、2回目と同様、ワークシートを用いてグループワークを行います。後述のとおり、〈ワーク1〉は「庇った子ども」の行動の意味と効果を、〈ワーク2〉は「悪口に賛同した子ども」の行動の意味と効果を、〈ワーク3〉は「いじめに気付いた子ども」の行動の意味と効果をそれぞれ検討します。

　なお、3つのワークはいずれも「自分だったらどうするか」という問いが含まれていますので、登場人物の役をそれぞれが担当してロールプレイ形式で行うこともできます。2回目と3回目で方式に変化を付けたい場合などは、そのような方法も検討してみてください。

　さて、この事例は、正義感の強い被害者と、少しワガママで気の強いクラスのムードメーカーにもなり得る加害者という設定にしています。前2事例と同様、本事例が過去に実際に問題となった、または現在問題となっている事案と似通っている場合は、登場する子どものキャラクターや性別を変えるなどして対応するのがよいでしょう。ポイントは、「誰かを庇った子どもがいじめられてしまう構図」を変えないことです。

⑵　最初に「いじめ」の事例であることに触れる

　まず、本事例も前２事例と同様、ワークに入る前に「いじめの定義」を復習して、Ｂさんたちの行為が「いじめ」に当たることを確認します。この事例は、前２事例のようなわかりやすい落ち度はないものの、後述する「庇い方（言い方）が悪い」という理由から、まれに「いじめではない」という意見が出ることがあるからです。

　また、最初のうちはＡさんとＢさんが対等であることから、「けんかであって、いじめとまでは言えない」という意見が出ることもあります。しかし、Ｂさんは、場面④においてＣ、Ｄ、Ｅさんを味方に付けてＡさんを無視し、場面⑤ではＡさんの悪口をＡさんや他の子どもたちに聞こえるように大声で言っており、ＡさんとＢさんがすでに対等ではないことは明らかです。Ｂさんの行為は、けっして「けんか」ではありません。

　こうした思い違いをそのままにして授業を進めてしまうと、途中で議論が噛み合わなくなってしまうおそれがあります。ですから、定義の復習（いじめである旨の明示）は、最初に行うとよいでしょう。

⑶　「いじめの四層構造」の復習

　３回目の授業は、「大きなＹＥＳ／小さなＮＯ」といった言葉を使ってワークを行うので、いじめの定義の復習の後は、いじめの四層構造とＹＥＳ・ＮＯの空気の復習（48頁、２回目の授業参照）を行います。

　本事例では、概ね、被害者：Ａさん、加害者：ＢさんとＤさん、観衆：ＣさんとＥさん、傍観者：ＸさんとＹさん（ワーク３）という構造になっています。

　〈ワーク１〉を行う前に四層構造とＹＥＳ・ＮＯの空気の一般的な

復習を行い、登場人物のうち誰がどの立場にあるかという具体的な指摘は、適宜ワークの解説の際に行っていくのがよいでしょう。

〈ワーク1〉

場面③で「Bはひどいよ！ なんでそんなこと言うの？ Cがかわいそうだよ！」と言ったAさんの行為の意味・効果を、「大きなYES／小さなNO」などの言葉を用いて考えてみましょう。

また、もし自分がAさんの立場だったらどうするかも考えてみましょう。

〈ワーク1〉は、Cさんを庇ったAさんの行動の意味と効果を考えるものです。なお、「Aさんの立場だったらどうするか」を考える理由は、目の前で友達が辛い思いをしているときの自分なりの「NO」の出し方をそれぞれ考えてほしいからです。後述するとおり、「Aさんのやり方が間違っているから」ということではけっしてありませんので、その点には十分注意してください。

【実際に出た意見のうち代表的なもの】
・Bさんに大きなNOを突き付けている
・Aさんのような言い方をしたらBさんがムカッとするのは当たり前
・感情でぶつけたら感情で返ってくる
・Aさんは勇気がある。えらい
・自分にはできない
・自分はもっと柔らかい言い方にする

【ワーク１：解説のポイント】
⑴　Ａさんは「大きなNO」を突き付けている
　前提として、ＢさんがＣさんに対して「ダサいから、一緒にいるのが恥ずかしい」などと言う行為は、一般的に考えて、またその場にいたＡさんがＣさんを庇ったという事実からしてもＣさんが心身の苦痛を感じていた可能性が高いので、法律上の「いじめ」に該当すると考えて差し支えないでしょう。
　これに対して、Ａさんは、「Ｂはひどいよ！　なんでそんなこと言うの？　Ｃがかわいそうだよ！」という発言を行うことにより、「大きなNO」を突き付けています。

⑵　「庇い方が悪い」は委縮を招く
　勇気を出して「大きなNO」を突き付けたＡさんの評価については、子どもたちの間で意見が分かれるところです。「こんなに感情的な言い方をしなければ、もっとうまく事が収まった」「感情的なＡさんが無用な対立を招いた」などと考える子どもは、一定数存在します。「波風はできる限り立てないのが"正しい"」という暗黙の了解があるようにも感じます。
　しかしながら、これらの指摘は、Ａさんの行動により、ＢさんのＣさんに対する「いじめが止まった」という事実を軽視してしまっています。Ａさんは自分の身を挺してＣさんを守ったのです。
　後から、「もっと『やりよう』があった」と指摘するのは簡単です。しかし、それはあくまで結果論であり、勇気を出していじめを止めた人の梯子を外すことにもなりかねません。
　クラスの中に「いじめを止めた」という事実を正当に評価する土壌がなければ、誰も勇気を出そうと思えなくなってしまいます。ですから、授業の際には、他の言い方や手段を考える前提として、Ａ

さんの行為の意義を事前または事後にしっかりと明示する必要があります。

その上で、必ずしも全員がAさんのように面と向かって「大きなNO」を突き付けられるわけではないという前提のもと、「自分だったらどうするか」という視点を持って、他の言い方や手段を具体的に考える流れを作るのが望ましいでしょう。

〈ワーク2〉

事例の場面4と5の間、実は、B、C、D、Eさんの間でこんなやり取りがありました。

B：Aってマジでむかつく。私に「あんたサイテー」みたいなこと言ってきたんだけど、ひどくない？
D：えー。ひどい。Aって優等生ぶってるよね。
B：でしょ。髪型だってダサいしさ。一緒にいるとこっちまでダサく思われるから恥ずかしいよ。
E：<u>だよねー！　私もそう思う！</u>

実は、このときEさんは、Aさんのことをダサいとも優等生ぶっているとも思っていませんでしたが、何となくBさんたちに合わせた方がよいように思い、このように言いました。

Eさんのこの発言は、どのような意味・効果を持つと思いますか。これまでに勉強した「いじめの四層構造」や「YES・NOの空気」の話などを参考にして考えてみましょう。

また、もし自分がEさんの立場だったらどうするかを考えてみましょう。

〈ワーク2〉は、悪口に安易に乗ってしまうことの意味や効果を検討するものです。こうした事例を取り上げることにより、皆が軽い気持ちで行ってしまいそうなことを、より客観的に検討することができます。

　なお、上記のEさんの行為は、けっして望ましいものではありません。しかし、多くの人が「やってしまいがち」な行為であることは確かです。ですから、「こんなことは絶対にやってはいけない！ありえない！」といったトーンで授業を行ってしまわないようにすることが重要です。前述したとおり、本当のタブーは、「誰かに苦痛を与える」という手段を選択することであり、それ以外のタブーをたくさん作ってしまうのは得策ではないからです。「多少失敗しても、気付きさえすればやり直しができる」といった寛容な空気を作っていくことが望ましいでしょう。

【実際に出た意見のうち代表的なもの】
・Eさんの行為は、Bさんたちに「大きなYES」を送ってしまっている。だから、やらない方がよい
・自分もその場にいたら、Eさんと同じようなことをしてしまうと思う
・Cさんと2人で黙っているだけでも違うのではないか
・あまり納得していないような顔をしてみてはどうか
・その場をさりげなく離れるのがよい
・「そうでもないんじゃない？」と小さくNOを発する
・「いや。全然ダサくないでしょ」と大きくNOを発する
・一発ギャグで空気を変える
・「そういえば……」と突然気付いたように、宿題や次の授業の話をふってみる

第1章　いじめ予防授業

【ワーク２：解説のポイント】
(1) ＥさんはＢさんにYESを発してしまっている

　子どもたちの間ではよくある"その場の雰囲気"や"ノリ"に基づく行為ですが、その行為が持つ意味を改めて考えてみると、本当にノッてしまってよいのかが見えてきます。

　Ｅさんは、Ｂさんの発言に同調することにより、Ｂさんたちに対して大きなYESを発してしまっています。Ｂさんは、「自分には味方がいる」「Ａさんの悪口を言っても受け入れられる」と認識し、Ｄさんと共に今後徐々に行動をエスカレートさせてしまう可能性が高いでしょう。

　ですから、目の前で悪口が展開されたときにどうするか、どうやって早い段階で「小さなNO」を発するかということを検討するのはとても重要です。

(2) 個人的におススメするのは「質問」

　前掲のとおり、子どもたちからはさまざまな意見が出てきますが、授業では、私自身であればどうするかということも参考までに提示しています。私は、楽しい一発ギャグでその場の空気を変える技術や、自然に話題を変えられるような話術を持ち合わせていないため、もしＥさんと同じ状況に置かれたら、おそらく"質問"すると思います。

　具体的には、〈ワーク２〉のＢさんの「ひどいことを言われた」に対して、「何て言われたの？」と質問したり、「髪型がダサい」に対して「どのへんがダサいの？（最近の流行ってどんなものなの？）」と聞いてみたりする、といった具合です。

　質問する理由は主に３つあります。まず、①ＢさんがＡさんに何と言われたのか等、事実関係を聴き取ることにより、Ｂさんを冷

静にさせ、「怒るほどのことでもないかもしれない」と思わせる可能性が多少あります。少なくともその場にいるＣさん、Ｄさんは、事実関係を把握することにより、Ａさんの行動やＢさんの心の動きを冷静に受け止めることができるでしょう。

また、②相手から話を引き出すことにより、"スイッチ"できる機会や可能性を増やすことができます。たとえば「髪型がダサい」から「どんな髪型がダサいのか」という話題を展開できれば、今の流行の話に流してみたり、「芸能人の○○も似た髪型しているね。そういえば、昨日○○の番組観た？」というように芸能の話題に流してみたりするなど、話題を自然に変えられる可能性が高まります。

最後に、これを子どもたち対して正面から論じるのはややはばかられるところではありますが、③相手から話を引き出している間は自分の意見を言わなくてよいため、時間を稼ぐことができます。多くの場合、悪口は休み時間中に行われるので、その時間さえ乗り切れば悪口に加担するという最悪の事態を防ぐことができるわけです。

このように、質問はさまざまな可能性を秘めていますので、どのような質問がより有効かを検討してみるのも面白いかもしれません。

(3) ある生徒のまっすぐな意見

ここまで述べてきたとおり、多くの場合、授業では「Ｂさんに正面からＮＯと言う」以外の方法を検討します。それは、多くの子どもたちにとって、正面からＮＯと言うことはハードルが高いため、より実現可能性の高い方法を丁寧に検討したいと考えているからです。

ただ、ある時、生徒から「その場をしのいだところで、結局Ｂさんはまた悪口を言う。だから、きちんと向き合ってＮＯと言うしかない。その一択だと思う」という意見が出ました。本当にその

とおりで、私はその生徒の堂々とした姿にとても感動しました。みんなが彼のようになれるわけではないし、そうあるべきと強制することもしたくはないけれども、そうした芯の強い子どもが1人でも多く増えればよいと思います。

　そして、そうした子どもたちを増やしていくには、前述のとおり、クラスに「NOを発すること」を正当に評価できる土壌が必要であると考えています。

〈ワーク3〉
　場面7の後、Aさんと同じクラスのXさんは、1人で教室にポツンといるAさんに気付き、Yさんにそのことを話しました。するとYさんは、AさんがBさんたちから「ダサい」、「キモい」などと言われていることを教えてくれました。
　その後、XさんとYさんとの間でこんなやり取りがありました。
X：「ダサい」「キモい」と言うなんて、Bさんたちのしていることっていじめじゃない？　注意した方がいいよね？
Y：AさんがBさんに何かひどいことを言ったらしいよ。Aさんてちょっと頑固なところがあるじゃない？　正義感が強すぎるというか。だから、いじめって決めつけてBさんたちを責めるのはよくないと思うの。
　<u>私は「中立」でいたいから、何もしないことにするよ。</u>

　Yさんの態度は、中立だと思いますか。理由も一緒に考えてみましょう。

〈ワーク3〉は"中立"について考えるものです。せっかくいじめに気付いても、傍観者が"小さなNO"を発することが大切であると学んでも、実際に動くのはけっして容易ではありません。

　友達に「自分は中立だ」と言われてしまえば、「何もしないこと」があたかも正しいことのようにも思えてきます。大人の世界でも似たようなシチュエーションはあるでしょう。

　後述のとおり、中立についてはさまざまな考え方があり、必ずしも正解や答えがあるわけではありません。しかし、この"中立"という概念が傍観者の動きを躊躇させてしまう理屈の一つであることは確かです。とても難しいですが、この答えのない問いについてみんなで考えてみるのはいかがでしょう。

【実際に出た意見のうち代表的なもの】
〈中立派〉
・誰の味方もしていない。何もしていないのだから中立
・YさんがAさんのためにわざわざBさんとモメる必要はない
・これはAさんとBさんの問題だから、首を突っ込むのはお節介

〈中立ではない派〉
・難しいことはよくわからないけれど、ヘリクツだと感じる
・結局は、Bさんたちの味方をしているように感じる
・「頑固」「正義感が強すぎる」などと言って、結局Aさんをディスっている
・Aさんの言い分を聞いていない
・何もしなければ、結局小さなYESを出しているのと一緒

【ワーク3：解説のポイント】
(1) "中立"って何だろう？

"中立"という言葉を辞書で引くと、どの辞書も概ね「どちらの味方もしないこと」といったことが書かれています。また国際法上の中立とは、国家間の紛争や戦争に「関与しないこと」を言います。

ですから、Aさんの味方にもBさんの味方にもなっていない、「何もしない」というYさんの態度を"中立"と言うこともできそうです。

実際、「Yさんの態度には違和感があるけど、中立ではあると思う」という意見はよく出ます。また、「中立は中立だけど、公正とは言えないのではないか」とかなり鋭い指摘をする子どもも中にはいます。

普段当たり前のように使う言葉であるからこそ、また大人になっても政治や人間関係においてなどさまざまな局面で使われる重要な概念であるからこそ、一度正面から考えてみることはとても大切だと感じます。

そして授業では、「絶対にこれが正しい」といった結論を示すことはできませんが、私なりに考える"中立"を子どもたちに提示しています。

たとえば、サッカーの試合において、一方のチームの選手が突然ボールを手に持って走り出したとします。その場合、審判が「自分は中立だ。だから何もしない」などと言ったらどうでしょう。おかしいですよね。なぜならば、そのルール違反を見過ごすことは、片方のチームの味方をしているに等しいからです。

クラスで起こるいじめについても、同様のことが言えるのではないでしょうか。いじめというルール違反を何もせずに見過ごすことは、いじめる側の味方をするに等しいと考えられないでしょうか。

このように私は、"中立"の概念の中には「正しく評価すること（ダメなものはダメと判断すること）」も含まれると考えています。

誰の味方もしないことと、ルール違反を見過ごさずに対処することとは両立し得るでしょう。したがって、Bさんたちの行為を認識しながら「何もしない」と決めてしまっているYさんの態度は中立ではないというのが私の意見です。

そして、もし私の意見に納得できるのであれば、本当に"中立"であるために何ができるかを考えてみてほしいと子どもたちに伝えています。

(2)　Yさんの主張を掘り下げる

Yさんは、Bさんたちの行為をいじめではないかと考えているXさんに対して「いじめと決めつけるのはよくない」といった趣旨の発言をしています。理由は、「Aさん側にも落ち度がありそう」というものです。

前2回の授業で何度も取り上げた論点ではありますが、やはりここでも改めてきちんと説明するのがよいでしょう。

まず、誰かに「ダサい」「キモい」などと言う行為は、相手が心身の苦痛を感じている可能性が極めて高いので、Bさんたちの行為は、法律上の「いじめ」に該当します。また、いじめに該当するか否かに相手の落ち度の有無は無関係ですから、仮にAさん側に何らかの落ち度があったとしても、Bさんたちのやっていることは「いじめ」です。

したがって、Xさんは、Bさんたちの行為を「決めつけている」わけではなく、いじめをいじめと適切に判断しているにすぎないと言えるでしょう。

なお、この「決めつけている」という指摘には、「Bさんの言い分を聞いていない」という意味が含まれていると思います。

もちろん、手続保障の観点からは、相手の言い分を聞くことはと

ても重要ですから、Ｘさんは"注意"する際にＢさんたちの言い分を聞いてあげるとよいでしょう。

ただ、言い分を聞かない限り何も動いてはいけないということではありませんので、Ｂさんの言い分を聞きに行ったり、注意したりする勇気がなくても、いじめに気付いた以上は小さなＮＯを発していくことが大切です。

なお、言い分を聞くことと、それを受け入れることは同じではないことには注意が必要です。Ｂさんたちの勢いに押されて、「Ａさんにも落ち度があったのだから仕方ない」という結論にしないようにしなければなりません。この点については、次項の"模擬調停"において詳しく解説します。

〈法律用語を使わずに説明するには〉
・Ａさんは、Ｂさんたちから「ダサい」「キモい」などと言われて辛い、悲しいと感じていると思われるので、Ｂさんたちの行いは「いじめ」。
・仮にＡさんがＢさんに「ひどいこと」を言ったのだとしても、Ｂさんたちは「ダサい」「キモい」などと言うことで問題を解決しようとしてはいけない。
・Ｂさんたちの行為がやってはいけない行為であるときちんと認識できるクラスにしよう。
・直接注意する際には、Ｂさんの言い分や気持ちを聞いてあげるのがよい。その方がおそらく説得もしやすい。
・直接注意できなくても、いじめに気付いた以上は「おせっかい」等の言葉に惑わされず、無理のない範囲で小さなＮＯを発していこう。

4 模擬調停をやってみよう

　模擬調停は、これまでの3回の授業で学んだことを実践する場です。加害者側と被害者側の言い分を調整していく過程を見ることで、いじめが実際に起きたときにはどのような点が問題となるのか、どのように進めていけば問題を解決できるのかを検討することができます。

　なお、以下に紹介する進め方は、あくまで一例ですので、各学校に最も適する形に適宜アレンジしてください。

模擬調停の流れ（イメージ）

①調停委員役が加害者代理人役から事情を聞く（1回目面談）
②調停委員役が被害者代理人役から事情を聞く（1回目面談）
③調停委員役が加害者代理人役から事情を聞く（2回目面談）
④調停委員役が被害者代理人役から事情を聞く（2回目面談）
※④の時点で合意ができれば「調停成立」
※片方の代理人役が事情を聞かれているとき、他方は退席
　（可能であれば別室で待機）

【授業の目標】
①「いじめ」の定義の復習
②「中立」とは何かを再度考えてもらう
③立場が変わると「見え方」が変わることの悩ましさを感じてもらう
④双方の言い分を聞き、調整していくことの難しさを感じてもらう
⑤相手を説得するときの"押さえ所"を把握してもらう

第1章 いじめ予防授業

【事案の概要】

　事例の詳細は、下記「事前配付資料」および各役の指示書に記載しますので、ここでは概要を簡単に説明します。

　本事例において、被害者はいじめが原因で転校してしまいます。そのため、加害者に対する謝罪を求めて調停を申し立てました。

　転校前、被害者はシンクロナイズドスイミング部（以下、「シンクロ部」）に所属し、大会前のある日の練習を「家庭の事情」で欠席します。これについては、部にも正式に届け出て、チームリーダーである加害者からも了承を得ました。

　ところが、この欠席を機に部内でいじめが起きます。「被害者が部活動をサボって他校の生徒とデートしていた」という噂（事実ではない）が流れたためです。

　この噂の真偽を被害者本人に直接問いたださぬまま加害者たちがいじめを始めたため、被害者は原因もわからないまま、いじめに耐えられなくなって転校してしまいます。

　他方、被害者が抜けてしまったシンクロ部は、人数が足りずに大会を辞退せざるを得なくなりました。また、加害者は、この欠場が原因で体育大学への推薦が絶望的になったと考えるようになりました。

　このため、加害者は、被害者のせいで自分の将来を潰されたと感じており、被害者には絶対に謝りたくないと考えています。

　なお、シンクロ部のある学校が一般にそれほど多く存在しないようであったため、本事例ではこのように設定していますが、もし自校にシンクロ部がある場合は、他の存在しない団体競技の部活動に適宜置き換えてください。

　また、1年生の大会を欠場した場合に体育大学の推薦が絶望的になるか否かについては、客観的な事実がどうであるかということよ

りも「加害者はそう考えている（そう信じている）」ということが重要です。

【前提となる理解】
(1) **模擬裁判との違い**

　弁護士会などが主催する「模擬裁判」を取り入れている学校もあるかもしれませんが、これは模擬裁判ではなく「模擬調停」です。両者の主な違いは以下の2点です。

　まず、①訴訟と調停の違いです。訴訟は、勝訴・敗訴または有罪・無罪といった結論を裁判所が出すため、双方の主張を戦わせるのが原則です。他方、調停は話し合いの場です。ですから、双方の意見を調整し、合意を形成することが主たる目的となります。

　なお、合意ができた場合を"調停成立"、できなかった場合を"調停不成立"と言います。後に紛争を残さないようにするため、基本的には調停成立をめざします。

　また、②扱う事案が刑事事件と民事事件とで異なります。一般に模擬裁判は刑事事件を扱いますが、本模擬調停では民事事件を扱います。ですから、すでに模擬裁判を実施している学校においても、特段問題なく本模擬調停を行うことはできるでしょう。むしろ、公民の教員の方々などからは、「民事と刑事をどちらも扱えてよい」といったご感想をいただくことがあります。

(2) **本模擬調停の"最終目標"**

　仮に本被害者の主張（下記「事前配付資料」参照）を調停（民事調停）として実際に申し立てるとしたら、被害者は、不法行為に基づく損害賠償請求という形で金銭的な請求を行うことになります。

　しかしながら、本模擬調停は教育現場で行われるものであり、子

どもたちに賠償額の調整を行わせるのはあまりに味気がありません。

したがって、本模擬調停における被害者の主張は、金銭的な請求ではなく、「加害者に謝罪してほしい」というものにしています。

また、前述のとおり、基本的には後に紛争を残さぬよう"調停成立"をめざします。

ただし、調停成立すなわち合意形成のパターンは３通りあります。

(ⅰ) 加害者が被害者に「謝罪する」ことで合意するパターン
(ⅱ) 加害者が被害者に「謝罪しない」ことで合意するパターン
(ⅲ) 加害者が被害者に「条件付きで謝罪する」ことで合意するパターン

後述するように、本模擬調停は「合意の内容」もかなり重要になりますので、３つのうちどれをめざすか、何を解決と考えるかについては少し難しい側面があります。場合によっては、「不成立」がより正義に叶うこともあり得ます。

なお、調停では本来、各当事者を「申立人」と「相手方」、その代理人をそれぞれ「申立人手続代理人」「相手方手続代理人」と呼びます。しかし、本模擬調停においては、わかりやすさを優先して「被害者」「加害者」「被害者代理人（小島さん代理人）」「加害者代理人（真下さん代理人）」などと呼んでいます。

【進め方の概要】

調停委員役、被害者代理人役、加害者代理人役が前に出て模擬調停を行い、それ以外の子どもたちは、ワークシートを見ながら模擬調停を見学します。

なお、被害者・加害者の"本人役"ではなく"代理人役"としているのは、①本人の立場では、自己を弁護するような発言をしにくいこと、②相手方から"落ち度"を責め立てられることもあるため、

特に被害者本人役は、子どもの心理的負担が重いと考えられること、の2つの理由があります。

また、弁護士としては、クラスごとに行う方が盛り上がるのではないかと思うのですが、クラスの雰囲気や子どもたちのキャラクターなどによっては配役の決定などが難しく、クラスだけで実施するのは負担が重すぎてしまうようです。

そのため、これまで弁護士チームが行ってきた模擬調停は、各クラスから役を選出し、1つの模擬調停を学年全体で見守る形式で実施する場合がほとんどです。

したがって、以下の「具体的な進め方」には、クラスごとではなく、学年全体で実施するための方法を記載しました。

なお、以下の内容は、1時限で実施することを前提としており、1時限でも十分に必要な内容に触れることができますが、見学者からの意見を多数聴き取って議論をより深めたい場合などは、2時限以上使うとよいと思います。

【具体的な進め方】
〈全体に共通した事前準備〉

配役ごとに準備や進め方が異なりますが、ここでは見学者を含めた全体の事前準備の方法について触れます。

(1) **各資料の配付と配役の決定**

全ての子どもたちに対し、簡単な時系列と当事者双方の最初の主張が記載された以下の"事前配付資料"を配付します。

なお、被害者・加害者の名前は、弁護士チームの弁護士の名前を組み合わせたものです。小島・真下は、この授業を担当することが多いため、「私の名前です」と言いやすいので使用しています。差

し支えなければ、そのままこの名前を使用していただいて結構です。同じ苗字の子どもがいるなどの場合は、適宜教員の苗字にするなどしてください。また、前述のとおり、部活動名も自校に存在しないものにしてください。さらに、本模擬調停は、多くの学校において中学3年生を対象に行われるため、あえて「被害者・加害者が高校生」という設定にしていますが、これも差し支えがある場合は適宜変更してください。

【事前配付資料】

〈当事者の名前〉
被害者：小島里美（おじまさとみ）
加害者：真下彩葉（ましもあやは）

〈配役〉
・被害者の代理人弁護士役2名
・加害者の代理人弁護士役2名
・調停委員役3～4名

〈被害者　小島里美（おじまさとみ）の主張〉
　私は、高校1年の途中まで新宿にある私立大花高等学校に在籍していましたが、転校したため、現在は私立小木高等学校の2年生です。大花高等学校時代には、シンクロナイズドスイミング部（以下、「シンクロ部」と言います）に所属していましたが、同学年の部員たちからのいじめが原因で転校しました。
　というのも、シンクロ部の1年生8人は、チームで8月の大会に出場することをめざして、毎日一生懸命練習していました。ところが、5月のある日を境に、私以外の7人が私に冷た

接するようになりました。そして、特にチームリーダーの真下さんから以下のようなことをされました。

①話しかけても無視される。
②みんなの前やシンクロ部のグループLINE上で「消えてほしい」や「うざい」、「キモい」等と何度も悪口を言われる。
③自分だけ練習や大会スケジュールなどの重要な連絡を教えてもらえない。

　私は、中学時代にあんなに仲のよかった部のみんなからいじめを受け、本当につらかったです。夜もほとんど眠れなくなり、学校に行くのもこわくなってしまったので、とても残念でしたが7月に転校しました。最近やっと体調が少しずつ戻りはじめ、昔のことと向き合えるようになったので、今回、勇気を出して調停を申し立てました。真下さんには、絶対に謝ってもらいたいです。

〈加害者　真下彩葉（ましもあやは）の主張〉
　私は、私立大花高等学校の2年生です。今回、小島さんが主張している①〜③の行為をやったのは確かです。でも、私にも言い分があります。
　それに、シンクロのチームは8人でなければならないのに、小島さんが勝手に学校を辞めたせいで人数が足りず、8月の大会に出場できなくなってしまいました。そのせいで、私は、体育大学の推薦を受けるのが絶望的になりました。むしろ、私が小島さんに文句を言いたいくらいです。

〈時系列を確認しよう！〉
高1　5月　①～③の行為が始まる
　　　7月　小島さん転校
　　　8月　シンクロ部、大会を辞退
高2　4月　小島さんが調停を申し立てる
　　　　　　　　　　　　　　　　　　　　　　以上

　この"事前配付資料"を配付した後、各クラスから、調停委員役3名程度、被害者代理人役2名程度、加害者代理人役2名程度を選出します。
　同時に、各役を担当する教員を1名ずつ合計3名、全体を見守って最後に「まとめ」を行う教員を1名、合計4名を選出します。
　その上で、以下に記載する各配役のための資料を配付します。調停委員役には「調停委員役指示書」を、被害者代理人役には「被害者代理人役指示書」を、加害者代理人役には「加害者代理人役指示書」を配付します。ただし、各役の指示書は、他の役にはけっして見せないでください。

(2) 子どもに対する事前説明
　教員からは、あらかじめ本模擬調停の概要を説明します。本模擬調停は、言葉で説明するよりも実際にやってみた方がわかりやすいので、細かく説明する必要はありません。前述した内容のうち、以下の4点を説明する程度で足ります。
　①調停は訴訟とは異なり「話し合いの場」であること
　②紛争を残さぬよう「合意（調停成立）」を目標にすること
　③調停成立のパターンには3種類あること（前述）
　④被害者側・加害者側交互に2回ずつ面談すること

〈調停委員役と担当教員について〉

　調停委員役（および担当教員）は、以下の指示書を事前によく読んでおきます。なお、本模擬調停実施中、進行に困って相談や協議のための"タイム"を取りたい場合、原則として２回まで可能ということにしています。ただ、実施学年によって適切な回数は異なると思いますので、適宜変更してください。

【調停委員役指示書】

〈調停のやり方〉

- 調停は、話し合いの場所です。紛争を残さぬよう、できる限り合意できるよう頑張りましょう。なお、合意のパターンは、加害者が①謝罪するという合意、②謝罪しないという合意、③条件付きで謝罪するという合意の３パターンがあります。
- ただ、今回は、事前配付資料に書いてあるとおり、加害者である真下(ましも)さんは、小島(おじま)さんを無視したり、悪口を言ったり、重要な連絡をしなかったことを認めています。<u>できる限り加害者に謝ってもらうことを考えましょう。</u>

〈調停でのポイント〉

- １回目の加害者への面談：真下(ましも)さん側に確認すべき点は、以下のとおりです。（５分前後）
  - □無視したり、悪口を言ったり、重要な連絡をしなかったことは認めていること（「認めていますね？」と聞いてみてください）。
  - □いじめをやったのだから、謝るかどうか。謝らない場合はなぜか。
  - □真下さん側に言い分がある場合は、小島さん側を呼んで確

認する（真下さん側を退席させ、「小島さんの代理人、来てください」と言いましょう）。

・1回目の被害者への面談：小島（おじま）さん側に確認すべき点は以下のとおりです。（5分前後）
　□真下さん側の言い分の確認。真下さんの言っていることは事実か。
　□小島さんに言い分がある場合は、それを聞く。
　□真下さん側を呼んで小島さんの言い分を伝える（小島さん側を退席させ、「真下さんの代理人、来てください」と言いましょう）。

・2回目の加害者への面談：真下さん側に確認すべき点は、以下のとおりです。（10分前後）
　□小島さんの言い分を伝える。
　□謝る気持ちになったかどうかの確認。
　□謝る気持ちにならない場合は、理由を確認した上、<u>調停委員が説得する。</u>
　□<u>説得する際には、真下さんの行為が「いじめ」に当たるかどうかを理由も付けてきちんと伝えましょう。</u>
　□説得できて、謝罪することになった場合、小島さん側を呼んでその旨を伝える。
　□どうしても説得が困難だと判断した場合は、小島さん側を呼んでその旨を伝える。
　□真下さんが条件付きで謝罪するという場合、小島さん側を呼んでその旨を伝える。

・2回目の被害者への面談：小島さん側に確認すべき点は、以下のとおりです。（5分前後）
　□真下さんが説得に応じ、謝罪する場合、その旨の説明。
　□真下さんが説得に応じない場合、その理由を説明し、謝罪しないということで合意できるか確認（「合意できますか」と聞いてください）。
　□真下さんが条件付きで謝罪するという場合、その内容を説明し、その条件を飲めるかを確認（「条件を飲んで、合意できますか」と聞いてください）。

〈合意できたかどうか〉
　□できた（①謝罪することで合意、②謝罪しないことで合意、③条件付き謝罪で合意）
　□できなかった［理由：　　　　　　　　　　　　　　］
　　　　　　　　　　　　　　　　　　　　　　　　以上

　この指示書からわかるように、当日の指揮（被害者代理人役、加害者代理人役の入れ替え）は、指示書に従って調停委員役が行います。また、調停委員役担当教員は、タイムキープが主な役割となります。適宜「そろそろ被害者代理人役（または加害者代理人役）を呼んだ方がよい」などと促してあげてください。なお、代理人役の控室の場所が遠く、調停委員役の声が届かない場合は、面談していた代理人役が控室に戻る際に次の代理人役に声をかけるなどの運用でも問題ありません。
　時間配分についてですが、指示書にも書かれているとおり、目安は以下のとおりです。

> [時間配分の目安]
> 加害者面談1回目：5分
> 被害者面談1回目：5分
> 加害者面談2回目：10分
> 被害者面談2回目：5分

　また、調停委員役は、3役の中で最も負荷がかかる難しい役です。後述するように、本模擬調停では、加害者代理人がかなりヘリクツをこねてくるため、調停委員はそれに翻弄されてしまうおそれがあります。また、どのような質問をすれば適切な情報を得られるのかを判断するのは、容易ではありません。何を質問すればよいのか戸惑う場面もあるかもしれません。加えて、学年全員に見られている中、限られた時間内で「適切な」ゴールにたどり着かなければならないというプレッシャーはとても強いと思います。

　したがって、担当教員がタイム中に相談を受けた場合、適宜時系列を確認したり、指示書を確認したり、これまで出てきた事実を確認したりしながらアドバイスしてあげてください。まとめポイントも後に記載しましたので、そちらも参照してください。

〈加害者代理人役と担当教員について〉

　加害者代理人役（および担当教員）は、以下の指示書を事前によく読んでおきます。なお、本模擬調停実施中、進行に困って相談や協議のための"タイム"を取りたい場合、原則として2回まで可能ということにしています。ただ、実施学年によって適切な回数は異なると思いますので、適宜変更してください。

【加害者代理人役指示書】

〈真実〉

- この事案は、真下（ましも）さん（加害者）の勘違いによりいじめが発生し、その後エスカレートしてしまった事案です。
- きっかけ：大事な大会前の５月のある日、小島（おじま）さんは、真下さんに対し、「家庭の事情がある」と言って部活動を休みました。そのときは、真下さんも小島さんが休むことに納得しました。「家庭の事情」という説明に対してもそのときは特に違和感はありませんでした。ところが、後日、同じクラスの友達の目撃情報により、その日、小島さんが別の学校の男の子とデートしていたことがわかったのです。真下さんは、小島さんがウソをついて部活動を休んだことをとても怒り、無視したりし始めました。これがいじめのきっかけです。ところが、これは勘違いでした。その内容は、調停で確認してください。
- 実は、真下さんは、自分がやったことを謝らなければならないと思っています。でも、小島さんに裏切られたという気持ちがとても強いことと、大学の推薦がダメになりそうなことで、どうしても素直になれません。そのため、代理人の弁護士さんに「３つの屁理屈（ヘリクツ）」を強く主張してほしいと頼んでいます。この「ヘリクツ」にきちんと調停委員が反論できたら謝ってもよいと言っています。（※本当の弁護士はこんなヘリクツは言いません！）

〈調停でのお願い〉

- 事前配付資料に書かれているとおり、小島さんを無視したり、

悪口をLINEなどで言ったり、大事な連絡を小島さんに伝えなかったりしたことを真下さんはすでに認めています。調停でもそのことは認めてください。
・調停委員の言うことがおかしいと思ったら、そのつど反論してください。

・1回目の面談で話してほしいこと（5分前後）
　□ヘリクツ①「今回の件は、小島さんが悪いのでいじめではない」と主張してください。
　□小島さんが悪い理由は、「部活動を休んだ理由がウソだったから」です。
　□ウソの内容は、〈真実〉で記載した二重線の部分です。そのウソの内容も話してください。

・2回目の面談で話してほしいこと（10分前後）
　□2回目の面談の際に「勘違い」の内容が明らかになるはずです。
　□それを確認した上、
　　ヘリクツ②「真下さんは、当時、そんな事情は知らず、いじめているつもりはなかった。本人にいじめているつもりがなかったのだから、いじめではない」と強気で主張してください。　※表現の仕方は自由です。
　□真下さんの行為がいじめである理由に納得できたら、
　　ヘリクツ③「でも、推薦の可能性をなくして、こちらも辛い思いをしているのだから、『どっちもどっち』だと思う。だから謝る必要はない」と強気で主張してください。そして、「小島さんが謝るなら謝る」と条件を出してください。

※表現の仕方は自由です。
□あなたが調停委員の説明に納得できたら、条件なしでの謝罪に同意してください。

以上

　本模擬調停において加害者代理人役は、「ヘリクツ」を言うのが仕事です。ですから、あまり深刻になりすぎず、悪役を楽しむくらいの気持ちで本模擬調停に臨むのがよいでしょう。
　実際の授業においては、多くの場合、ムードメーカーのような存在の子どもがこの役に就きます。事前配付資料を読む限り、加害者側は分が悪いので「劣勢を巻き返そう」という気概のある子どもがこの役に就きたいと思うことがその理由のようです。
　担当教員は、基本的には、楽しい雰囲気を出した上で「どんどんヘリクツを言っておいで!」と促してあげてください。
　また、前述のとおり、調停は話し合いの場であり戦いの場ではありません。しかしながら、子どもたちからすればせっかく演じるからには負けたくない(加害者側に有利な結論にしたい)という気持ちがどうしても出てきます。そして、それは悪いことではありません。むしろ、本模擬調停を盛り上げるという側面からは必要な要素と言えます。
　ですから、そうした気持ちから「指示書に書かれていないこと」を言いたくなった場合は言ってもよいこと、多少のアドリブはOKであることを伝えてください。
　他方で、あまり場を混乱させすぎても他の役を困らせてしまうので、あらかじめ担当教員と加害者代理人役とで話し合い、「調停委員からこういった発言や説得があったら引き下がる」という指針を具体的に決めておくとよいかもしれません。担当教員は、その話し

合いの際、後述する【授業のポイント】を参考にしてください。

　なお、後述するように、本模擬調停は、加害者代理人役が優勢になりがちです。そのため、子どもが途中で「このままではヘリクツが通ってしまう」と心配になってしまうことがあります。ヘリクツが通ってしまった場合であっても、それはそれでみんなの学びが多いので、その際には「細かいことは気にしなくてよいから、思ったとおりに思いっきりやっておいで」と促してあげてください。

〈被害者代理人役と担当教員について〉

　被害者代理人役（および担当教員）は、以下の指示書を事前によく読んでおきます。なお、本模擬調停実施中、進行に困って相談や協議のための"タイム"を取りたい場合、原則として２回まで可能ということにしています。ただ、実施学年によって適切な回数は異なると思いますので、適宜変更してください。

【被害者代理人役指示書】

〈真実〉

・今回の事案は、小島(おじま)さん側に落ち度と言えるような事情が全くない事案です。

・小島さんは、なぜこのようないじめが起きたのか心当たりがありません。でも、もしかすると大事な大会の前に部活動を休んだせいかもしれないと思っています。

・なぜ部活動を休んだかというと、山口県に住むいとこのヒデトシお兄ちゃんが新宿にある大学を受験する準備のために東京にやってきたからです。本当は、お母さんがお兄ちゃんに付き添って新宿の街を案内する予定でしたが、急な仕事が入ってしまい、小島さんが代わりに案内することになったので

す。このことは学校にも部活にも説明し、許可をもらいました。
・シンクロ部１年のリーダーである真下(ましも)さんにも、詳しいことまでは言いませんでしたが「家庭の事情がある」ときちんと説明し、真下さんも納得していました。ですから、小島さんは、部活動を休んだことがいじめの原因なのか確信は持てません。なお、小島さんは、確認しようとしましたが、部のみんなの冷たい態度がとてもこわくて確認できませんでした。

〈調停でのお願い〉
・事前配付資料に書いてあるとおり、小島さんを無視したり、悪口を LINE などで言ったり、大事な連絡を小島さんに伝えなかったりしたことを真下さんはすでに認めています。そのことは忘れないでください。
・調停委員の言うことがおかしいと思ったら、そのつど反論してください。

・１回目の面談で話してほしいこと（５分前後）
　□真下さんの言い分を聞いて必要と感じたら、〈真実〉の二重線部分に記載された事実を説明してください。

・２回目の面談で話してほしいこと（５分前後）
　□うまくいけば、２回目の面談で、加害者が謝罪することが調停委員から伝えられるはずです。
　□仮に、加害者が「謝罪しない」または「条件付きで謝罪する」と言い張った場合、調停委員から「真下さんが謝罪しないこと」に納得するか、または「条件を飲めるか」を確

いましたか？
①調停委員として特に問題のない対応だったと思う。
②調停委員としてもう少しよい対応があったのではないかと思う。
　具体的に［　　　　　　　　　　　　　　　　　　　　］

3　1回目被害者側面談
(1)　小島(おじま)さんの言い分についてどう思いましたか？
　①「なるほど。それなら仕方ない」と思えた。
　②小島さんが部活動でもっと上手に立ちふるまえていたら、このような事態は避けられたのではないか。
　　具体的に［　　　　　　　　　　　　　　　　　　　］
(2)　小島さんの言い分を聞いた調停委員の対応についてどう思いましたか？
　①調停委員として特に問題のない対応だったと思う。
　②調停委員としてもう少しよい対応があったのではないかと思う。
　　具体的に［　　　　　　　　　　　　　　　　　　　］

4　2回目加害者側面談
(1)　真下さんの言い分についてどう思いましたか？
　　（2つ以上選びましょう）
　①真下さんの言い分はおかしい。真下さんのやったことはいじめだ。
　②真下さんの言うとおり、真下さんのやったことはいじめではない。
　③真下さんは素直に謝るべきだ。

④真下さんが謝る必要はない。
⑤真下さんが謝るのであれば、条件が必要だと思う。
⑥その他の感想
　　[　　　　　　　　　　　　　　　　　　　　　]
(2) それを聞いた調停委員の対応についてどう思いましたか？
　①調停委員として特に問題のない対応だったと思う。
　②調停委員としてもう少しよい対応があったのではないかと思う。
　　具体的に [　　　　　　　　　　　　　　　　　　　]

5　2回目被害者側面談

・小島さんの言い分を聞いてどう思いましたか？
　①真下さんが謝ることになった場合→特に回答する必要はありません。

　②真下さんが条件付きで謝ることになった場合
　　（ア）　小島さんが条件を飲むのはよいことだと思う。
　　（イ）　小島さんが条件を飲むのはおかしいと思う。
　　（ウ）　良いか悪いかはさておき、仕方なかったと思う。
　　具体的な理由 [　　　　　　　　　　　　　　　　　]

　③真下さんが謝らないということに小島さんが合意した場合
　　（ア）　合意した小島さんの選択はよかったと思う。
　　（イ）　合意した小島さんの選択はおかしいと思う。
　　（ウ）　良いか悪いかはさておき、仕方なかったと思う。
　　具体的な理由 [　　　　　　　　　　　　　　　　　]

④小島さんが真下さんの提案に合意しなかった場合
　（ア）　合意しなかった小島さんの選択はよかったと思う。
　（イ）　合意しなかった小島さんの選択はおかしいと思う。
　（ウ）　良いか悪いかはさておき、仕方なかったと思う。
具体的な理由［　　　　　　　　　　　　　　　　　］
【メモ】

以上

〈まとめ役の教員について〉

　まとめ役の教員は、全ての資料に目を通した上で本模擬調停に臨み、当日の司会進行を行います。当日の進行のイメージは、概ね以下のとおりです。特に①～③は、いずれも事前に担任等から説明されているので、簡潔で結構です。

　なお、授業のまとめについては、次項【授業のポイント】を参照してください。

【当日の進行】
①模擬調停を行う旨と合意が大切であることの説明
②調停の「成立」と「不成立」に関する説明
③「成立」の場合には３パターンあることの説明
④各役の子どもたちに前に出てきてもらい、第１回目の面談の準備を促す
⑤模擬調停開始の声がけ（その後は調停委員役に任せる）
⑥被害者代理人役の２回目の面談が終わり次第、模擬調停終了の旨を告げる

⑦まとめ（内容は【授業のポイント】および⑷最後のまとめ参照）

【授業のポイント】
⑴ はじめに
　以下には、主に"ヘリクツ①から③"に対する適切な対応の方法を記載します。ただ、後述するとおり、1時限で本模擬調停を行う場合は、以下の点について時間内に解説することはかなり難しいです。模擬調停後、この点については、各クラスに持ち帰り、担任の先生から解説してもらうのが望ましいでしょう。そうした時間が取りづらい場合は、調停委員役に対してだけでも個別に解説してあげてください。

⑵ 第1回面談：ヘリクツ①への対応
　加害者代理人役は最初の面談で、「今回の件は小島さん（被害者）が悪いのでいじめではない」とヘリクツ①を主張します。
　これまで述べてきたとおり、「いじめ」とは相手に心身の苦痛を与えることを言い、相手の落ち度の有無は問いません。
　ですから、このヘリクツ①の主張に対しては、調停委員役が「たとえ小島さんが悪かったとしても、真下さん（加害者）のやったことはいじめである」と明示するのが適切です。これが望ましい「ヘリクツ①への対応」ということになります。
　ただ、これは加害者の言い分に耳を貸してはいけないということではありません。調停委員としては、真下さんの言い分、真下さん側の事情を丁寧に聞きつつも、加害者代理人を説得することが求められます。

なお、小島さんが悪いと思う理由が「被害者が男の子とデートして部活動をサボったから」であることがわかると、多くの場合、見学している子どもたちはどよめきます。当初「加害者が悪い」という立場であった子どもたちも、心情的に加害者側についてしまいます。

そして不思議なことに、その後の面談で被害者側がいくら誤解であった旨を主張しても、「誤解させる方が悪い」という空気になります。そして、そのまま被害者側の劣勢が変わらないことが多いのです。この傾向については、本当に興味深いと思っています。

(3) 第2回面談：ヘリクツ②と③への対応

第2回面談において加害者側は、「被害者と一緒にいたのは恋人ではなく従兄弟であったという事実を加害者は知らなかった。加害者にいじめているつもりがなかった以上、今回の行為はいじめではない」というヘリクツ②を主張します。

前述のとおり、いじめか否かの判断に相手の落ち度は無関係ですから、調停委員役としては、「たとえ真下さん（加害者）にいじめたつもりがなくても、小島さん（被害者）が苦痛を感じていたら、それはいじめである」と明示するのが適切な対応です。

しかし、仮に調停委員役がこのように適切な対応をしたとしても、1回目の面談でできあがった「誤解させる被害者も悪い」という空気は容易には消えません。学年全ての子どもたちによるその空気を調停委員役も敏感に感じ取ります。

そのような状況において、加害者側は「加害者も体育大学の推薦を失って辛い思いをしたのだからどっちもどっちだ。被害者が謝るなら加害者も謝る」という条件を提示する内容のヘリクツ③を主張します。

調停委員役は、調停を成立させるのが目標であり、見学者も含む"みんな"が納得するような結論を導きたいと考えますから、多くの場合、そのまま被害者代理人役との面談を開始し、被害者側にその条件を飲むよう説得してしまいます。

　しかしながら、そもそも、加害者は、(i)被害者から「家庭の事情で部活を欠席する」という説明を受けたとき素直に納得していました。また、(ii)「デートしていた」という目撃情報を耳にした時、被害者に対して事実確認をしませんでした。確認さえしていれば、誤解が解けたにもかかわらずです。

　つまり、加害者は、(iii)勝手な思い込みでいじめを開始し、最終的に被害者を転校に追いやり、自ら「メンバー不足」という事態を招いたのです。結果、加害者が体育大学の推薦を受けられなかったとしても、それは全て自らの行為に基づくものであり、何ら被害者に責められるべき点はありません。

　したがって、調停委員としては、加害者に対する第2回目の面談において、上記(i)(ii)の事実を押さえ、(iii)についても加害者側に納得してもらわなければなりません。その上で、加害者が提示した条件は、不当で不合理であることを指摘する必要があるのです。

　しかしながら、その点について、調停委員役の子どもたちが自ら気付くのはかなり難しいことです。少なくとも、今のところ加害者側の妥協案を不当であると正面から指摘した調停委員役はほとんどいません。会場の空気がそうさせてしまうというのも一因だと思いますし、調停委員役自身に「片方の主張を退けるようなことをしてしまってよいのだろうか」という迷いもあるのでしょう。

　ですから、もし、この点に子どもたちが自ら気付くことができ、模擬調停上で指摘できた場合、後のまとめにおいて十分に評価してあげてください。

【望ましい結末の順(目安)】
1位 加害者が全面的に謝罪することで調停成立
2位 不成立　※最も多い
3位 加害者は全面的に、被害者は一部だけ謝罪することで調停成立（後述）
4位 互いに謝罪し合うことで調停成立

(4) 最後のまとめ

模擬調停後のまとめの流れは以下のとおりです。なお、1時限のみ使って行う場合、最後のまとめに割ける時間は5分から10分程度です。議論が白熱してしまい、3分しか取れないという場合もあります。

ですから、ポイントを絞って解説する必要がありますし、伝えるべきことをあらかじめ明確にして、解説時間が3分程度になってしまっても対応できるように準備しておくことが望ましいでしょう。

〈最後のまとめの流れ〉
①本事案全容についての種明かし
②加害者代理人役からの種明かし
③"中立"に関する指摘
④調停の結果に対するまとめ役教員からの感想
⑤被害者代理人役の感想とそれに対するコメント
⑥調停委員役の感想とそれに対するコメント
⑦終わりの言葉

①本事案全容についての種明かし

　前述のとおり、本事案において加害者は、一方的な勘違いによって被害者に対するいじめを開始し、結果として被害者を転校にまで追い込んでしまいました。

　ですから、本事案は「100：0で加害者側に帰責性がある事案」です。その点が解説の出発点ですので、それを冒頭で明示します。

　なお、見学している子どもたちの少なくない一定数は「程度の差こそあれ、どちらもそれなりに悪い」と考えているので、この点を指摘すると会場がどよめくことが多いです。「納得いかない」という空気を感じた場合は、時系列を示して丁寧に解説してください。

②加害者代理人役からの種明かし

　本模擬調停において、加害者代理人役は「ヘリクツを言い続ける」というとても特殊な役割を担っていますので、そのことを種明かししてもらいます。まとめ役の教員から「指示書には、どんな指示が書いてありましたか」などと質問し、答えてもらうとよいでしょう。

　また、多くの場合「ヘリクツが通ってしまうかもしれない」という心配（または面白さ、興味深さ）を抱えていますので、その辺りに関する感想などを述べてもらうと"まとめ"により深みが出ます。

③"中立"に関する指摘

　その上で、まとめ役の教員から、「中立とは結論を中間にもってくることではない」旨を指摘します。

　前述のとおり、本事案は、被害者側に落ち度と言える事情が全くない"100：0"の事案です。加害者側の「被害者側が謝るなら謝る」という条件を被害者側に飲ませてしまうことは"100：0"を"50：50"にするに等しい行為です。

また、この指摘を行うと、見学している子どもたちの多くが「何の落ち度もない被害者」に対し、条件を飲むべきと「責める側」に回ってしまっていたことに気付くので、会場が静まり返ってしまうことがあります。調停委員役も同様です。
　ですから、その重い空気を少しでも和らげるような工夫が次の"感想"を伝える際には必要です。
　なお、踏み込んだ議論ができた場合などにおいて「一部分についてのみ被害者が謝る」といった条件が付されて調停が成立することがあります。たとえば、「部活動を休む際に十分な説明をしなかったこと」や「デートと誤解されるような行動をとったこと」だけを被害者が謝罪するといったものです。これは、先の例で言えば"100：0"を"80：20"にするような行為と言えます。
　この場合、加害者側の条件が不当という心証を開示した上で、被害者側に当該条件を示していれば、調停委員役が中立を保っていたと評価できると思います。被害者側の戦略的な妥協を後押ししたにすぎないことになるからです。
　しかしながら、調停員役が被害者側の落ち度を強調した結果、被害者側が妥協せざるを得なくなって謝罪する場合が多いので、そうした場合は、「本当にこれを中立と評価してよいのか」という点にはやはり議論の余地があります（とはいえ、被害者の妥協点を探して成立させることはかなりの力量が必要なので、その点は調停委員役を大いに評価してあげてください）。

④調停の結果に対するまとめ役教員からの感想
　多くの場合、調停委員役は、調停を成立させようと条件を飲むように被害者側の方を一生懸命説得してしまっています。前述のとおり、調停委員役は最も難しい役であり、本模擬調停で想定されてい

るような"理想的なふるまい"をするのはかなり難しいことです。弁護士ですら本模擬調停を行うと、被害者側を説得する形になってしまうことがあるのです。

懸命に難しい役を全うしたにもかかわらず、「調停委員役が失敗した」といった空気にしてしまうのはあまりに酷ですから、まとめ役教員が感想を述べる際は、十分に調停委員役に配慮してください。

具体的には、人は「声の大きい人」に流されがちであること、それは大人も子どもも同じであること、見学している子どもたちも「条件を飲むべき」と思っただろうこと、といった前提を述べるとよいでしょう。

その上で、相手に流されず、きちんと自分の頭で考えることの重要性や、ダメなものはダメだと判断する勇気が必要であることなどを伝えてください。

⑤被害者代理人役の感想とそれに対するコメント

多くの場合、被害者代理人役は、いかに「アウェー」だったかを述べます。正当な主張をしたにすぎない被害者側がなぜ追いつめられなければならないのかという点は、大人の世界においても重要な問いですし、その問題意識を学年全体で共有することはたいへん意義深いことです。

まとめ役の教員としては、被害者代理人役がしっかり耐え抜いたことを十分に評価した上で、そうした問題意識を共有できるようなコメントをしてください。

⑥調停委員役の感想とそれに対するコメント

多くの場合、調停委員役は、事実の聴き取りの難しさや意見の調整の難しさ、時によっては加害者代理人役に対する苛立ちなどを述

べます。

　前述のとおり、調停委員役はとても難しい役です。その上、見学している子どもたちから「調停委員役が頼りなく見えた」「もっとしっかり調整すべきだと思った」等の批判的な目を向けられることもあります。

　ですから、見ているだけと実際にやってみるのとでは大きく違うこと、大人（弁護士）がやっても難しい役であることなどを指摘した上で、よかった点を十分に評価してください。

⑦終わりの言葉

　本模擬調停において最も伝えたいことは、上記④でも触れた、きちんと自分の頭で考えなければならないこと、ダメなものはダメだと判断する勇気も必要であることの２点ですので、必要に応じて再度その点に触れて終わってください。

(5)　加害者を説得する際のコツ

　弁護士が最後のまとめを行う場合で時間にゆとりがあるときは、⑥調停委員役の感想の部分や⑦終わりの言葉の部分などで加害者を説得する際のコツを紹介しています。

　実際のいじめ問題において、加害者は自分の身を守るのに必死です。自分が「加害者」とされないように懸命に言い訳をします。これ自体は人間として当然の反応と言えるでしょう。ただ、この必死の言い訳に周りが振り回されてしまい、本質的な解決に結びつけられなくなってしまうのはやはり問題です。他方で、加害者の言い分をきちんと聞かず、封じ込めるようなことをしてしまっても同じように問題です。

　ですから、加害者の言い分を聞いた上で、その行為ときちんと向

き合ってもらうための対話の方法、つまり、より良い解決に導くための"説得するスキル"を知っておくことはとても有意義なことです。もちろん、こうした解説を行うのは、模擬調停後に「どう進めればよかったのだろう」と考えてしまうであろう調停委員役の参考にしてもらうためでもあります。

具体的には、①話を聞くことで先に相手の気持ちを落ち着かせる。その後に、②相手に「YES」と言ってもらえる質問をしていく、という2点がポイントです。

まず、①どれだけ正論をぶつけても、相手が感情的になっている間はそれを聞き入れてはもらえません。ですから、相手の気持ちを落ち着かせるためにもしっかりと相手の話を聞きます。そして、話を聞いている間は、なるべくこちらから「でも」とか「だって」とか「それは論理的におかしい」などの異論を差し挟まないことが大切です。

次に、②相手が「YES」と答えやすい質問を少しずつしていきます。これはあくまでも一例にすぎませんが、本模擬調停の場合であれば以下のようなやり取りが考えられます。

調 停 委 員 役：真下さんは、小島さんにウソをつかれたと感じて辛かったでしょうね。
加害者代理人役：はい。(i)
調 停 委 員 役：大会に出られなかったのも辛かったでしょうね。
加害者代理人役：はい。(ii)
調 停 委 員 役：そうしたお気持ちはよくわかります。しかし、LINEで「消えてほしい」「うざい」「キモい」などと言われたら、普通は悲しい気持

> になりますよね？
> 加害者代理人役：そうですね。(iii)
> 調 停 委 員 役：小島さんが悲しい気持ちになることは、真下
> 　　　　　　　さんもわかっていたのではないですか？
> 加害者代理人役：そうかもしれませんね。(iv)
> 調 停 委 員 役：真下さんには、小島さんを傷付けないような
> 　　　　　　　"違うやり方"があったとは思いませんか？
> 加害者代理人役：……。(v)

　最後の(v)の部分でYESと答えてもらえば、その後の「加害者からの謝罪」に繋げやすいでしょう。そこでYESと答えてもらうために、ここでは４つの質問をしています。

　ポイントは、NOと答えたくなるような質問をいきなりせずに、YESと答えられる質問から少しずつハードルを上げていくことです。上述の例でも(iii)に繋がる質問をいきなり行うよりは、(i)(ii)のような共感的でかつ相手がYESと言いやすい質問を先に行った方が(iii)のYESは導きやすいでしょう。

　また、相手がYESと答えられる質問だけで自分の導きたい「結論」までたどり着けるよう、あらかじめいくつかの質問を考えておくことも大切です。そうする中で、相手の反応をある程度予想できますから、途中で予想外の返答があったとしても軌道修正することができます。

　実は弁護士は、裁判で反対尋問に臨む際、これと似たような準備を入念に行います。反対尋問は、敵対する相手から自分に有利な証言を引き出さなければならないので、相手の返答を想定しつつ、より多くのYESを引き出す必要があります。人間には一貫性を保ちたいという欲求がありますから、自分でYESと言って踏み固めて

きた"道"に逆行するような理不尽なことやヘリクツはなかなか言い出しにくいものなのです。

なお、加害者代理人役が(v)の部分でYESと言った後、または言わないまま「でも、……」と反論し始めてしまった場合は、再度(i)のような共感的な質問から順に、YESと答えやすい質問を別の角度から行っていくことになります。

もちろん、こうしたやり方がどんな状況においても通じるわけではありませんが、初歩的なテクニックとして知っておくのは弁護士でなくとも有用です。ただし、くれぐれも加害者の主張を不当に押し込めるような形では用いないでほしいと思っています。

教員の方々も経験則や心理学的アプローチなどから独自の説得スキルをお持ちだと思います。ぜひそうしたスキルも併せて子どもたちに伝えてあげてください。

5　おわりに

以上のように、いじめに対する考え方を身に付け、実生活に生かせるようにするためには、漠然と「いじめはよくない」と論じるのではなく、目的意識を持って授業を進めていくことが大切です。本書でご紹介した事例は、いずれも子どもたちの日常にありがちなものであることから、考えれば考えるほど悩ましさが出てくると思います。実際私は、事例を自分で作っておきながら、日々その悩ましさを感じています。ただ、そうした悩ましさと向き合い、そのつど自分なりに答えを出し続けていくことがいじめ問題に対応するための"軸"を作っていくのだとも思っています。

また、本いじめ予防授業によって、いじめに対する共通認識を子どもたちとの間に作ることができれば、道徳の時間をより効果的に

使うことができるでしょう。ポイントを絞ってより深く、実践的な議論を行うことができるからです。

　特に「自分がいじめの場面に実際に遭遇した場合、どう動くか」という部分については、その場限りの議論や検討を行うだけではあまり意味がありません。普段から意識できるように本いじめ予防授業で動機付けることはもちろん大切ですが、通常の道徳の授業においてもより深く具体的に正面から検討していく必要があります。ロールプレイなどを行って実践する機会を設けるのも重要でしょう。

　いずれにしても、本いじめ予防授業を、道徳でいじめを取り上げる際の"土台"にしていただきたいと考えています。日常的に子どもたちに接する先生方であるからこそ、道徳の授業においては、この授業で取り上げる基礎的な議論にとどまらず、"その先"を子どもたちと共に深く掘り下げていっていただきたいというのが私の願いです。そうすることで、子どもたちの中にもいじめ問題に対する軸が徐々に作られていくと信じています。

コラム④　模擬調停作成の経緯とこれから

　模擬調停については、他の3つの授業とは異なり、ある学校の先生からの依頼を受けて作成しました。「50分でできるような模擬調停を作ってほしい」と依頼されたときは、なんて無茶な要望だ！　と面喰らいましたが、結果として面白いものが出来上がったので、今ではあの時無茶を言っていただいて本当によかったと思っています。そして、これからも先生からの無茶はどんどん引き受けていこうとも思っています。

　実は、最初に作った模擬調停は、代理人役が加害者・被害者本人役から事情聴取を行う時間があったり、本人役が代理人役にウソをついたり、証拠が存在したりするなど、内容がもう少し複雑でした。

リアリティのある模擬調停を楽しく作ることができて個人的にはとても満足していたのですが、およそ50分で終わるようなものではありませんでした。

事実、弁護士チームのメンバーたちに実演してもらったところ、あまりにリアルすぎて全員が"本気モード"になってしまい、白熱して収集がつかなくなりました。これはいけないと修正に修正を重ねたものが本書でご紹介した模擬調停です。

ただ、実は内心、最初のバージョン（を修正したもの）は、いつか"大人向け"として教職員研修などで行えないかと考えています。教員は普段、それぞれの子どもから事情を聴いてそれぞれの子どもを説得するような業務が多いものと推測します。つまり、調停委員役・被害者代理人役・加害者代理人役の3役をいっぺんに行っているような状態です。一度それらを全部バラバラにして、偏った立場からトラブルを見てみるのも面白いのではないでしょうか。加害・被害児童・生徒からの事情聴取の方法や調停者としてのふるまいが当事者からどう見えるかなど、きっと何らかの気付きがあると思います。

この"大人向け模擬調停"は、いつか実現させたいことの一つです。

コラム⑤　ボツになってしまった授業

弁護士チームのいじめ予防授業は、これまで学校のニーズに合わせて内容を変えてきたため、本書でご紹介したワーク以外にも実践してきたワークがいくつかあります。その中に「クラスのいじめ予防規則を作る」というものがあり、主に中学1年生を対象として作っていました。いじめの重大化を防止するためのアイデアをどんどん出していくといった比較的簡単な内容です。

第1章　いじめ予防授業

　ある時、そんな規則作りのワークを高校から依頼されました。高校生に行うにはあまりに簡単すぎると感じた私は、思い切って新しい授業を作成し、その高校に提案してみました。
　それが、「クラスのいじめ調査委員会の運営規則を作る」というワークです。クラスの中にいじめが発生してしまった場合に生徒自らが調査するという架空の設定のもと、どのようにその調査委員会を運営したら適正な調査が行えるかを検討するという内容です。具体的には、ワークシートを用いて調査委員選任の方法や調査開始の要件、代理人選任の有無や選任方法、担任の役割、弁明の機会の確保方法、不服申立ての方法等を考えてもらいます。こうしたワークを通じて"適正手続とは何か"を高校生に学んでもらうのが狙いでした。
　しかし、残念ながらこの授業を実現することはできませんでした。架空とはいえ「生徒が生徒を調査する」という設定自体が受け入れ難いというのが主な理由でした。確かに今考えてみると、架空とはいえ設定が刺激的すぎたように思います。
　ただ、人権を守るためには手続保障が必要であることを実感すること、公平公正とはどのようなものかを正面から考えることはいずれもとても大切なことです。規則作りはこれらを学ぶのに最適な教材であると感じています。ですから、「規則作りを通して適正手続を考える」というワーク自体は、いずれ何らかの形で実現させたいと考えています。

コラム⑥ "法的視点"と"法律そのもの"はやや異なる

　"法的視点"というのは"法律そのもの"、つまり○○法第○条という具体的な条文を指すわけでは必ずしもありません。また、法律の適用が問題となる場面ではないからといって、法的視点が役立た

ないわけではありません。

　法は、社会に規律をもたらす役割も担っていますから、基礎となる法理論には、社会で起こり得る事象を言葉にして説明する知恵がたくさん詰まっています。みんなが"何となく感じること"を明確な言葉にする力があります。そして何より、法的視点を入れていくことは、人の人格や感情ではなく「行為」に着目し、冷静に議論を進めることができる点にそのよさがあります。

　ここで、いじめの話題からは少し離れて、以下のような事例を考えてみたいと思います。

> 【事例】
> 1　Ａさん夫妻は、日曜日に遊園地に連れて行くことを小学生の息子Ｂと約束していました。
> 2　ある夜、Ａさんの夫Ｃが突然「Ｂを日曜日に遊園地に連れて行くのはやめた。Ｂにもそのことは伝えておいた」と言い始めました。
> 3　Ａさんが驚いて理由を尋ねると、夫Ｃが長年大切にしていた数万円もする高価なプラモデルを息子Ｂが壊してしまったことが原因のようでした。
> 4　Ａさんは、夫Ｃと話し合わねばならないと思いました。

　たとえば、ここでＡさんが夫Ｃに対して「プラモデルが壊れたくらいで大人気ない！　だいたいあんなもの前から邪魔だと思ってたのよ！　Ｂがかわいそうじゃない！」などと言い始めたら間違いなく大喧嘩になるでしょう。私も実生活ではついこのような発言をしてしまいそうです。

　では、Ａさんは、どんな点を夫と話し合えばよいのでしょう。そ

れには、意外にも法的視点が役に立ちます。

　まず前提として、実際にAさん夫妻が息子Bを遊園地に連れて行かなかった場合、それは親の懲戒権（民法820条、822条）の範囲内であり、それ自体は必ずしも違法とは言えないでしょう。ですから、Aさんは違法性を理由に夫Cを説得することはできません。これがいわゆる「法の適用（法律そのもの）」です。

　次に、法的視点を入れてみます。すると、いくつかの話し合うべき論点が出てきます。

　まず、「論点①：事実確認をきちんと行ったかどうかの確認」です。何か不利益な処分を課したり、契約を一方的に解除したりする場合には、手続保障の観点から、前提となる事実を適切に把握しなければなりません。息子Bがどのような状況でプラモデルを壊してしまったのか、故意だったのか過失だったのか、どの程度壊れたのか、そういったことをきちんと確認する必要があります。またその際には、息子Bの言い分を聞く機会を確保する必要もあります。ですから、Aさんは、まずこれらの事実確認を夫Cがきちんと行った上で結論を出したかを確認する必要があるでしょう。

　次に、「論点②：あらかじめ要件や条件を明示していたかの確認」です。論点①と同様、何か不利益な処分を課したり、契約を一方的に解除したりする場合には、手続保障の観点（相手への不意打ち防止）から、どのような場合にそれがなされるのかをあらかじめ明示しておく必要があります。たとえば、「遊園地に連れて行く」という約束に「その日まで良い子にしていたら連れて行く」または「何か悪い行いをしたら連れて行かない」という条件（前者を停止条件、後者を解除条件と言います）が付されていた場合などが考えられます。息子Bが悪戯っ子であることから、日頃から「今度悪戯したら遊園地には行かないよ」などとAさんや夫Cが伝えてい

れば解除条件が付されていたといえ、息子Bに対する不意打ちにはならないでしょう。このように、Aさんは、夫Cの対応が息子Bの不意打ちになっていないかという点も確認することができます。

　最後に、「論点③：比例原則違反の有無の確認」です。比例原則は、達成する目的のために取られる手段が誰かの権利を制約する場合、その制限の程度が達成目的に見合っているかを判断する原則です。つまり、プラモデルを壊したことへの反省を促すために「遊園地に連れて行かない」という処分が重すぎたり軽すぎたりしないかを検討する必要があります。息子Bがお父さんの大切なプラモデルだとわかっていて故意に壊した場合などは、重すぎるという結論にはならないかもしれません。

　このように、法的視点は、目の前の事象が適法か否かのみならず、適切か否か、フェアかどうかを検討するのにもたいへん有用です。そうしたことをコミュニティで一つずつ検討・検証できれば、次に似た場面に遭遇した際にも生かすことができます。仮に今回フェアでない部分があったとしても、どの点がそうであったかを明確にできるので、"漠然と責める"とか"人格攻撃をする"といった過ちを犯さずに済みます。

　ですから、誰かを責め立てたり、揚げ足を取ったりするような使い方ではなく、みんながよりフェアに、ストレスなく過ごせるようにするために法的視点を入れていくことが大切であると私は考えています。

第2章
「法」の積極的な活用例

1　はじめに

　第１章では、私がこれまでに行ってきた子どもたちに対する啓発活動をご紹介しましたが、第２章では、教職員研修として行ってきたいじめ防止法の解説を簡単にご紹介します。
　いじめ防止法の施行から５年以上が経過し、施行当初に比べてかなり同法は浸透しているように感じます。報道等でも同法の名を耳にするようになりました。
　しかしながら、いまだ重大事件が起きてしまっているのが現実であり、それらに着目すると、法の本質的な理解に基づかない対応がなされていることも少なくありません。
　前述のとおり、同法は、平成23年に発生した大津事件をきっかけに、その教訓を生かすべく制定されました。法が浸透しないことは、大津事件の教訓が生かされないことを意味します。
　ですから、私は、同法を趣旨やその理念から正しく浸透させていくことも法律家の責務であると感じています。
　なお、現時点（平成31年３月）で同法には改正の動きがあります。ですから、本書では、細かい逐条解説ではなく、改正後も使えるような"活用の視点"を示したいと思います。

2　いじめ防止法の見方を変えてみる

　教育現場に弁護士として携わっていると、教員の方々が法を「上から押し付けられるもの」「余計な仕事を増やすもの」と認識しているように感じることがあります。
　しかしながら、冒頭で述べたとおり、法は国民の権利を守るために存在します。もちろん、教員の方々も例外ではありません。

特に、学校は、子ども、保護者、教員というさまざまな利害関係を有する人々が一堂に会す場です。しかも、年々その構成員が入れ替わるため、全関係者の"共通認識"を維持し続けることも困難であり、極めてトラブルが生じやすい土壌と言えるでしょう。

　そのような中で教員は、子どもたちの人格形成を担い、安全を確保し、その尊厳を保持しなければならない責務を負っています。その責務を全うするためには、まずは教員自身が、きちんと守られなければなりません。

　ですから、現場の教員の活動をより円滑に、不安の少ないものにできるよう、法律をただ"条文どおり"に理解して終わるのではなく、その捉え方や活用の仕方を検討していく必要があります。そして、法が"国民の"権利を守るために作られている以上、これは可能です。

　こうした視点の変え方、活用の仕方が教員の方々に根付いていけば、いじめ防止法をもっと浸透させていくことができると思います。したがって、本章では、いじめ防止法を少し違った角度から見てみます。具体的には、教職員の"護身術"として、いじめ防止法を活用するヒントをご紹介します。

3　「護身術」は専門職の基本

　具体的な法の内容に入る前に、前提として確認したいことがあります。それは、「自分の身を守る」ことはけっして悪ではないということです。

　現場の先生方と接していると、子ども第一の前提のもと、「自分の身を守る」という視点を持つことをかなりタブー視していると感じることがあります。マスコミの報道などによって「保身は悪」と

いうイメージがあることも影響しているのかもしれません。

確かに、重大事態の際の証拠隠滅や虚偽証言などは悪といって差し支えないでしょう。

しかし、正しい身の守り方、トラブル回避スキルとしての"護身術"は、専門職の基本として備えておく必要があります。

たとえば、弁護士の場合、最初にこのトラブル回避スキルを上司等から徹底的に叩き込まれます。ご存知のとおり、弁護士は他人の紛争に深く関与するのが仕事です。その紛争に巻き込まれるなど、自身がトラブルを頻繁に起こしていたら仕事になりません。トラブル回避スキルも職業スキルの一部と考えられています。

医療関係者などの他の専門職も、その分野ならではのトラブル回避スキルがあり、仕事を行う上で不可欠な"前提"とされているはずです。

もちろん、教職員の場合も、ベテランの先生方は経験則としてそうしたスキルを当然にお持ちだと思います。しかしながら、新人研修でそうしたテーマの指導を受ける等、正面から語られるような機会はかなり少ないのではないでしょうか。

ですから、教職員研修を依頼された際などには、私はあえてそうしたスキルがとても大事であることを強調するようにしています。子どもが第一であることと護身術を身に付けることは両立するのです。むしろ、教員が自身をきちんと守りながら安定感を持って業務を行うことが、子どもの安全を守るには不可欠です。

4 トラブルから身を守るための「習慣」

(1) 弁護士が教わる護身術

弁護士が教わる護身術を先に簡単に紹介してしまうと、概ね以下

の3つです。

> 【護身術の基本】
> ①情報共有によって守る
> ②記録によって守る
> ③早めに専門家の意見を聞く

①情報共有によって守る

　情報を1人で抱え込むということは、自分以外の誰もその問題に対処し得ない状況を生み出すことと同じです。これは同時に、何か不測の事態が生じたときは「全て自分の責任」となることをも意味します。

　ですから、自分のためにも、重要な情報は必ず上司や関係者と共有する必要があります。

　そして、どのような情報が「重要」なのか、誰と共有すべきなのかということを意識的に学んでいきます。

　なお、新人弁護士にありがちなことですが、情報共有の大切さを認識すると、共有のついでに上司に対して「どうしましょう？」と対応の仕方まで尋ねてしまう場合があります。

　これは、全判断、全責任を上司に押し付けてしまうに等しく、上司を最も困らせてしまうパターンのうちの一つです。ですから、新人教員の方々も気を付けた方がよいでしょう。新人とはいえ弁護士も教員もプロなのです。上司には、自分なりの結論を出した状態で報告および相談に行くのがよいと思います。

②記録によって守る

　たとえ検討に検討を重ねた上での判断でも、その過程が残っていなければ、後にそれを検証することができません。「言った・言わない」の水掛け論が感情的な対立をよりいっそう激しくさせます。

　ですから、多くのトラブルにおいて解決の方向性を左右するのがこの記録の有無と言っても過言ではありません。後にトラブルになりそうな「重要」な局面においては、必ずその過程ややり取りを記録に残しておくことが大切です。

　そして、記録の残し方には一定程度のスキルが必要であり、これも意識的に習得する必要があります。

③早めに専門家の意見を聞く

　弁護士は、医療、建築、労働、著作権または特許など、さまざまな分野の紛争やその予防に関与しますが、それら全ての分野に精通するなど不可能です。ですから、事実関係や原因・結果の因果関係などを把握するために、早い段階で専門家の意見を仰ぎます。

　法律の専門家であるということは、逆にそれ以外の専門家ではないということでもあります。自分の専門外のことを「わかった顔」をして扱うことは極めて無責任な姿勢です。自分の職域がどこまでか、どこまでの範囲であれば責任を持てるのかということを常に意識して仕事をする必要がありますし、新人のうちはその範囲を熟考すること自体が業務の一環とされています。

(2)　教員の場合

　このような弁護士の護身術は、おそらく教員にも当てはめることができるでしょう。たとえば、以下のような事例を護身術的視点から考えてみてはいかがでしょうか。

第 2 章 「法」の積極的な活用例

> 【事例】
> 　子どもの連絡帳に、「もう消えてなくなりたい」などと書かれていた(この時点でいじめの有無は不明)。護身術的視点から、まずどう行動するのが適切か。

①情報共有によって守る

　「消えてなくなりたい」という言葉は死を連想させる言葉ですので、これがどのような文脈で書かれていたとしても、最悪の事態が生じ得るという意味で「重要」な情報です。

　したがって、まず、上司や管理職、部活動顧問等の当該児童・生徒に多く接する教員にこのような記載があったことおよび様子を見守る必要があることを報告します。

　次に、当該児童・生徒の保護者に対しても報告が必要です。学校内だけに留めておくということは、学校の教職員しか対処し得る者がいない状況を生み出すに等しいからです。

　そもそも、児童・生徒のことを学校だけで見守ることなど不可能なのです。近年は法律もそれを前提としています。ですから、「家庭でもしっかりと様子を見ていてあげてほしい」と明示することは職域を意識した責任ある態度であり、けっして"保身"などではありません。堂々と報告および注意喚起をしてください。

　この点、思春期の子どもは「死」を連想させる言動を行いがちであることや、子どものためを思って「おおごとにしない方がよい」という判断から、各所への報告をためらうことも多いと聞きます。

　また、当該児童・生徒の家庭環境上の事情から、ただちに保護者へ報告することが難しいと感じる場面も多いようです。

113

しかしながら、多くの重大事件の背景には、残念ながらこうした報告漏れがあります。その「おおごとにしない方がよい」「保護者には連絡しない方がよい」という判断が、本当の意味で子どものためになるのかということは、個別の現場で慎重に検討される必要があります。自死を選択する子どもたちの多くが、その直前に死をほのめかす言動を行うという事実から考えれば、死を連想させる言葉が出てきた以上は、原因や文脈がなんであれ、ただちに各所に報告するのが望ましいのではないでしょうか。

　また、そうした重大事件において、報告をしなかった教員が過熱報道などの矢面に立たされ、ご遺族や保護者等からも責められてしまっていることも事実であり、「自分の身を守る」という観点からも検討が必要です。少なくとも、担任が1人で情報を抱え込むようなことはすべきではなく、"念のために報告しておく"という意識が極めて重要です。教員間で情報共有した後は、保護者への報告をただちに行うことを原則としつつも、やむを得ない事情がある場合のみ、そのタイミングを熟考するのがよいでしょう。

　なお、後述しますが、当該発言の背景に「いじめ」のおそれがある場合は、法律上もその内容を学校に報告することが求められています（いじめ防止法23条1項）。ですから、知らず知らずのうちに法令違反を行ってしまわないためにも、よりいっそう情報共有を行うことが大切です。

②記録によって守る

　仮に、当該記載を認知し、上司等に報告したとしても、口頭のみであれば後にそうした報告の事実の有無を検証できません。「上司もそれほど問題視せず、報告されたこと自体、記憶に残っていなかった」などということもあるかもしれません。また、上司への報告

の事実は、校内で情報共有がきちんと行われているという事実でもあるため、学校としてもとても重要な事実です。

ですから、メールや校内の情報共有システムや共有ファイル、日報等、無理のない方法で報告自体を記録に残しておくことが大切です。後に説明さえできれば、自身の業務日誌などに「いつ、誰に、何を」報告したのかをメモ書き程度に残しておいてもよいでしょう。ただ、可能であれば報告した事実を本人も上司も双方が確認できるような形で残すのが望ましいです。後に疑義が生じにくいからです。

また、これは保護者に対する報告についても同様です。連絡帳などに記載して報告すれば、報告と記録を同時に行うことができます。それが困難な場合は、電話報告およびメールをお勧めしています。口頭で説明したことを「念のための確認」という形でメールしておくのです。メールの書き方にはやや工夫が必要となりますが、保護者も教員も双方が確認できる形の記録として有用です。

なお、保護者に対する報告をただちに行わず、タイミングを見計らう場合も、その判断過程を何らかの形で記録に残しておくことが望ましいでしょう。万が一、後にトラブルになった場合、ただちに行わないという判断を、どのような過程で、どのような理由で下したのかという事実はとても重要だからです。

③早めに専門家の意見を聞く

弁護士が心理や教育のプロではないのと同様、教員は、教育のプロであって、心理のプロでも紛争のプロでもありません。

ですから、当該児童・生徒についてスクールカウンセラーなどに意見を求めるのと同じように、保護者と緊張関係が生じた場合、早めに弁護士に相談してください。病気に末期状態があるのと同様、紛争にも末期状態は存在します。こじれてしまってから「何とかし

てほしい」と言われても、困難な場合もあります。公立の場合は自治体に、私立・国立は学校または大学法人に顧問弁護士がそれぞれいますので、相談してみてください。

　とはいえ、それは難しい、顧問弁護士の顔も知らないということで多くの教員の方々（主に校長先生）が私に直接相談のご連絡をくださるのが現状です。頼っていただけてとても嬉しいのですが、残念ながら、そのほとんどが無償です。子育て中の身としては、今お付き合いのある学校に加えて、これ以上無償でお手伝いする学校を増やすのは難しいと感じています。他の弁護士もおそらく同様でしょう。ですから、現在、文部科学省が進めているスクールロイヤー制度が早く浸透することを願っています。

5　いじめ防止法を活用してみる

(1)　いじめ防止法制定経緯から見る重要条文

　これまでの議論をふまえて、いよいよいじめ防止法の中身に入ります。多くの教員の方々が校内研修などですでに一度は聞いたことがあると思いますが、いじめ防止法の重要条文は概ね以下のとおりです。

①「いじめ」の定義の明記（2条1項）
②学校基本方針作成の義務（13条）
③常設組織の設置義務（22条）
④教職員の報告義務（23条1項）
⑤重大事態対応の組織（28条）

(2) 定義と報告義務

いじめ防止法23条1項は、教職員に対し、いじめの事実があると思われるときは学校への通報その他の適切な措置をとることを求めており、一般に、これが教職員の報告"義務"の根拠となる条文と考えられています。

しかしながら、3で述べたとおり、情報共有は専門職の護身術のうちの一つであり、基本です。あえて法律で義務付けられなくても、護身術的観点から積極的に行った方がよいのです。

他方、定義の理解が不正確だと何を報告すべきなのか、どういった情報が「重要」なのかが曖昧になってしまいます。ですから、定義については、第1章でも述べたとおり、「心身の苦痛を感じていること」と「いじめと感じていること」とは大きく異なることなどを丁寧に確認しつつ、校内事例研究などを通じて何が「いじめ」なのかを定期的に教員間で確認していくとよいでしょう。文部科学省の「いじめ対策に係る事例集」なども参考にしてみてください。

なお、2018年の総務省「いじめ防止対策の推進に関する調査結果報告書」によれば、いまだに何を「いじめ」と考えるかについて、法律から離れて独自に判断してしまっている例も多いようです。いじめ防止法の趣旨は、早期発見と重大化の防止にありますから、重大な見落としを防ぐためにも、今後こうした例が減っていくことが望まれます。

(3) 22条組織と情報共有体制
ア 22条組織は現場の教員の"応援団"

いじめ防止法22条は、校内にいじめ対策の中核を担う常設組織を設置することを"義務"としています。そして、国の基本方針などにおいて、その組織にいじめに関する情報を集約し、組織が現場

の教員に対して適宜対応を指示していくような組織的対応を求めています。

　現場の教員の方々からは、「組織的な対応と言われてもどうしたらよいかわからない」とか「個別対応した方が早い」とか「もともとやっていたことを"義務化"されてやりづらい」といった声を聞くことがあり、この組織設置義務もあまり歓迎されていないように感じることがあります。また、形式的には組織が存在しているけれど、実質的には全く機能していないという学校もまだあるかもしれません。

　しかし、いじめ対策の専門組織があるということは、情報の報告先の一つが明確になっているということでもあり、報告した教員はこの組織のバックアップを得られるということでもあります。

　しかも、法律上、組織の中にはできる限り「外部専門家」を入れることが望ましいとされています（いじめ防止法22条、国の基本方針第2の3(3)）。これは、国公私立を問わず、学校の中の問題を学校の中だけで解決しなければならないという"常識"が変わったことを意味します。教員が何もかも抱え込む必要はなく、心理のことは心理の専門家に、医療のことは医療の専門家に、法律のことは法律の専門家にどんどん頼ってよいということです。専門家に限らず、地域の人々やPTAなどの協力を得ていくことも重要です。

　したがって、22条組織は「義務だからとりあえず設置する」ということではなく、「現場の教員をサポートするための組織」と位置づけることが大切です。

　そうすれば、少なくとも理屈上は「いじめの認知→組織へ報告→専門家も含む組織の委員から助言をもらう→自信を持って対応する→経過報告→さらに助言をもらう→対応する」といったよい流れができあがるはずです。大切なのは、そうした流れをいかに実現する

かを検討した上で、学校の実情に応じた組織運営を行っていくことです。

イ　組織運営に学校の実情を反映させる
　22条組織の運営方法の詳細は、各学校の自由裁量に概ね委ねられていますので、学校の実情を反映させて教員の方々が安心できるような組織運営を行うことができます。
　たとえば、いじめが発生した際、感情的に対立する保護者の間で担任1人が板挟みになってしまうことなどはよくあることの一つです。こういったケースを予防するために、学校いじめ防止基本方針（後述。以下、「基本方針」）において、あらかじめ「組織の委員が複数で保護者対応を行う可能性」を明確に定め、保護者の理解を得ておくことが考えられます。対応するその委員の中に、スクールカウンセラーや弁護士等の専門家を1名以上入れることを明記することなどもできるでしょう。
　感情的に対立している保護者双方への対応を担任1人で行わねばならないことはかなり負担ですし、組織的対応を求めるいじめ防止法の趣旨にも反します。また、基本方針にきちんと明示し、それが周知されていれば、保護者に対しても不意打ちになりませんから、無用な不信感を抱かせてしまうようなことにもなりません。いかなる場合も担任に対応させないということではなく、そういった選択肢も"用意しておく"ということが大切なのです。
　学校の実情を反映した組織運営を行うということは、教員も保護者も子どもも安心できるような"仕組み作り"を行うということです。そうした視点から、委員の間でアイデアをどんどん出していけば、みんなが安心できるような組織運営ができるでしょう。

(4) 基本方針は"みんな"を守る
ア　基本方針で共通認識を作る

　「学校のいじめ対策」をあえて学校基本方針として文章化することには、教員だけではなく、子どもや保護者、地域住民など、学校に関わる全ての人々が事前にその対策の内容を確認することができる点に重要な意味があります。そうすることで、いじめが発生した場合の対応について、関係者全員の共通認識をあらかじめ作ることができるからです。

　いざいじめが発生してしまうと、感情的な対立が生じやすく、どの当事者も冷静に対応することは困難です。だからこそ、防災訓練の例のように、平時の際からいじめが発生した場合の流れについて共通認識を形成することが重要なのです。

　ですから学校いじめ防止基本方針を上手に使うことができれば、全関係者との間で適切な共通認識を作ることができ、有事の際の対応について現場の教員の方々がより安心感を持てるようになります。

　しかしながら、実情としては、自治体などから発行されている雛形をコピー＆ペーストしたものが多く、また1人の"担当"の先生が叩き台を作り、それがそのまま採用されてしまっている場合も多く、上手に活用できていないと感じます。上手に使うことができれば、"みんな"を守ることができるのです。

【理想的な改訂作業の例】
①教員、保護者、児童・生徒等からの意見募集→②成文化→③教員、保護者、児童・生徒等による確認（意見募集）→④修正→⑤教員、保護者、児童・生徒等による同意→⑥確定→⑦公表→⑧周知徹底

- ✓ 教員、保護者、児童・生徒等が改訂作業に関わる機会が多く、各関係者が当事者意識や問題意識を持ちやすい。
- ✓ 関わる機会が多いので、関係者間の「共通認識」を作りやすい。
- ✓ 防災訓練の例と同様、有事の際に全関係者が動きやすい。

【ありがちな例】
①担当者による成文→②職員会議等で報告→
③公表（しない場合もある）→
④周知徹底（しない場合もある）

- ✓ 教員、保護者、児童・生徒等が改訂作業に関わる機会が少なく、各関係者が当事者意識や問題意識を持ちづらい。
- ✓ 関わる機会が少ないので、関係者間の「共通認識」ができない。
- ✓ 有事の際に「そんなことは聞いていない！」という不満や不信感が噴出しがち。

イ　学校基本方針改訂が体制づくりのチャンス

　基本方針の改訂は、単なる書類作りなどではなく、学校の"在り方"を改めて関係者間で議論するために行うものです。先の22条組織における例のように、どのような仕組みを作れば、子どもも保護者も教員も全ての関係者が安心できる学校運営を行えるかというアイデアを出し合う絶好の機会となるはずです。

　また、基本方針の作成・改訂は、いじめ対策に関して全ての関係

者に当事者意識を持たせ、共通認識を形成する契機にもなります。

ですから、基本方針の改訂の際は、できる限り現場の教職員、保護者、子ども、地域住民などから積極的に意見を募った方がよいのです。もちろん、基本方針そのものを各関係者に通読させるのは過分な負担になり得るでしょうから、基本方針の原案に以下のような簡単な資料を添付して配付するなどの工夫は必要だと思います。各校の「学校通信」などを用いてもよいと思いますし、保護者会の際などに配付してもよいでしょう。

【関係者に配付する資料の一例】
(i) 今回の改訂で最も力を入れたい部分の説明
(ii) いじめが発生した場合の相談窓口
(iii) 相談後の対応の流れを図示したもの
(iv) 調査する場合の流れを図示したもの
(v) その他伝えたいこと（意見募集の期限等）

こういった提案を行うと、現場の教員の方々からは「事務負担がまた増えてしまう」とか「どうせ保護者から意見など来ない。むしろ見当違いのクレームが来る可能性もある」といったご意見が寄せられそうです。日本の教職員は、保護者対応や授業準備以外の雑事等に日々追われており、世界一長時間労働をしていると言われていますから（経済協力開発機構〈OECD〉「国際教員指導環境調査（TALIS）」より）、そういったご意見はごもっともであると感じます。また、私としても教員の方々の負担を増やしたいわけではありませんし、そうなることはけっして本意ではありません。

しかし、"形式的な書類"をいくら作っても、それはいじめ発生時にけっして役立ちません。むしろ、練られていない基本方針は、

後述するとおり、「書かれていることと対応が違う！」といった保護者からの不満やトラブルを生みかねません。
　作業には無意味な作業と有意義な作業があると思いますが、少なくとも基本方針を定期的にきちんと改訂し、周知徹底する作業は、教員にとって有意義な作業だと思います。
　なお、スクールロイヤー制度を導入している学校の場合、こうした作業はスクールロイヤー主導で行うのがよいでしょう。弁護士であれば、契約書や規約の説明、改訂、成文化などは日常業務の範囲内ですから段取りよくやってくれますし、教員の方々の負担も格段に減ります。

ウ　たかが「紙」されど「紙」
　弁護士業務を行っていると、「契約書などより信頼が大事。紙は不要だ！」という中小企業の社長さんなどにお会いすることがあります。紙より信頼が大事なのはそのとおりです。信頼がなければ紙は作れないからです。
　これと同じようなご意見に、学校現場でもよく遭遇します。「きちんとした対応の実態があれば、紙はそれほど重要ではない」というものです。適切な実態がなければ、それを紙に書き起こすことはできませんから、もちろん実態は大切です。
　だからといって、紙が重要ではないということではけっしてありません。なぜならば、その実態を教員以外の者が検証する方法は「紙しかない」からです。逆に、紙に書き起こさないということは、いじめの対応をブラックボックス化させるに等しいとも言えます。教員自身が自分たちの対応を"問題ない"と結論付けてしまっていることになるからです。
　ですから、まず丁寧に書き起こすという作業がとても重要です。

次に、書き起こした後のその内容もとても重要です。たとえば、ある学校の基本方針の定義の欄に、対応すべきいじめの一例として「悪口や脅し文句、嫌なことを言われる」と書かれていたとします。

しかしながら、この記載は国の基本方針とは異なります。国の基本方針には、その例として「冷やかしやからかい、悪口や脅し文句、嫌なことを言われる」と書かれているからです。

国の基本方針	学校の基本方針
冷やかしやからかい、悪口や脅し文句、嫌なことを言われる	冷やかしやからかい、悪口や脅し文句、嫌なことを言われる

こうした記載は、「あえて削っている」と捉えられますので、「この学校では、『冷やかしやからかい』をいじめと考えない」と公表しているに等しいと言えます。そして、実情としても、その学校が「冷やかしやからかい程度であればいじめとまでは言えない」と考えてしまっている可能性は残念ながら高いのです。その学校としては、国の基本方針を参照しながら基本方針を作成し、何気なくそれらの"言葉"を削ったにすぎないのだと思いますが、その「何気ない行動」にこそ、その学校の意図が表れてしまいます。国の基本方針をそのまま書き写さずに、あえて手を加えたことそのものが"意図"だからです。

もちろん、定義以外でもこうしたことは起こり得ますから、改めていじめ防止法と国の基本方針はきちんと確認した方がよいでしょう。

その他にも、いじめ対策に力を入れている学校とそうでもない学校とでは、基本方針の分量自体に差があることが多いですし（もちろん、分量が多ければ"良い"ということではありません）、その

学校独自の工夫があるか否かなど、「紙」からは学校の姿勢がとてもよく見えてきます。ですから、紙に書き起こすこと、その内容を精査することが重要であることは教員全員がきちんと認識しておくことが大切です。

エ 「実態と異なる」デメリット
　実は、有事の際、保護者やその代理人が最初に確認するのが基本方針です。そこに学校の対策の概要が書かれているはずだからです。
　したがって、基本方針に書かれていることと実際の対応が異なるようなことは避けなければなりません。「ここに書いてあることと違う！　おかしい！」と余計な不信感を生むからです。
　よくある例としては、「いじめを認知したらただちに調査委員会を立ち上げる」といった趣旨の記載があります。この記載自体は組織的対応を求める法の趣旨にも則っていますし、けっして"誤り"ではありません。
　しかしながら、「いじめ」の定義は極めて広いのです。誠実に業務を行い、法律上のいじめを認知すればするほど調査委員会の立ち上げの義務も負うような内容の基本方針は、およそ現実的ではありませんし、過分な負担を教員に課すことにも繋がります。
　いじめ防止法および国の基本方針と学校の実態をよく照らし合わせながら基本方針を作成するのが望ましいでしょう。

(5) **重大事態**
ア 「重大事態」は比較的広い
　重大事態に関しては、よりいっそう被害者保護の視点が必要となり、被害者の傷付いた尊厳をどのように回復していくかを懸命に考え抜いていかねばなりません。

だからこそ、重大事態に向き合う教員は、護身術的観点からしても、とにかく「早めに」「念のために」という姿勢が大切です。また、万が一にも自死や子どもに重大な後遺症（精神疾患も含む。以下同じ）が残ってしまうような事件が起きた場合は、「被害者側に真摯に向き合う（やり過ごそうとしない）」ことが何よりも重要です。

> （学校の設置者又はその設置する学校による対処）
> 第28条　学校の設置者又はその設置する学校は、次に掲げる場合には、その事態（以下「重大事態」という。）に対処し、及び当該重大事態と同種の事態の発生の防止に資するため、速やかに、当該学校の設置者又はその設置する学校の下に組織を設け、質問票の使用その他の適切な方法により当該重大事態に係る事実関係を明確にするための調査を行うものとする。
> 　一　いじめにより当該学校に在籍する児童等の生命、心身又は財産に重大な被害が生じた疑いがあると認めるとき。
> 　二　いじめにより当該学校に在籍する児童等が相当の期間学校を欠席することを余儀なくされている疑いがあると認めるとき。

　一言に「重大事態」と言っても、自死の結果が生じてしまった場合だけでなく、大けがや多額の金品の被害が生じた場合、30日以上（目安）の不登校の場合など比較的幅広く含まれます。また、それらが「いじめ」を原因とするものであることの確証までは必要でなく、その「疑い」がある時点で28条組織の設置と調査、および報告が必要とされます（法28条～31条）。

イ　なるべく「重大事態」にはしたくない？

　この点、現場からすれば、①そもそも自校で起きたことが「児童等の生命、心身又は財産に重大な被害が生じた」と言えるのか、②仮に言えるとしても、それが「いじめ」を原因とするものなのかという2点で迷いが生じ、また③相当の期間の不登校についても、やはりそれが「いじめ」を原因とするものかという点で迷う、というのが現状のようです。

　そして、校内の問題を重大事態とすることには抵抗があるという理由から、"それらしい"ことが起こっても、①から③のどこかの過程において「本件はこれには当たらない」と早計に判断してしまうこともあると聞きます。

　特に私立学校などは評判が経営と直結してしまう側面がありますから、学校の評判に関わるようなことはしたくないという気持ちが生じやすいかもしれません。また、重大事態となると報告書を作成しなければなりませんから、その点も現場としては負担に感じるかもしれません。

　そのため、たとえば中高生に「1万円の被害」が発覚した場合などは、それを重大事態として調査・報告するか否かの判断が各校で分かれてしまう可能性があります。

ウ　「重大事態」を避けるデメリット

　最も避けなければならないのは、重要な"兆候"を認識しながらそれらを軽視し、自死や重大な後遺症が残るような痛ましい結果を生じさせてしまうことです。

　この点、早い段階で重大事態として調査を開始すれば、それだけ早期により懸命に子どもの尊厳を回復する措置を考えることができます。また、調査によって予想外に深刻な状態であったことが明ら

かになり、それ以上の重大化を防ぐことができたという事態もあり得るでしょう。

　他方、重大事態として調査・報告することなく、万が一にもその後に痛ましい結果が生じてしまった場合、先の「重大事態に当たらない」という判断自体に厳しい目が向けられることは避けられません。そうした判断をマスコミなどに大々的に報道されるリスクもあるでしょう。

　ですから、学校、すなわち在籍する全ての子どもと教職員を守るためには、よりいっそう早めに、念のために、「法律上の重大事態とまでは言えないかもしれない」と考えられる場合であっても重大事態として調査・報告することが望まれます。

　なお、こうした学校の姿勢は結果として「いじめ」に対する子どもたちの意識の変革にも繋がるでしょう。先の例で言えば、1万円の被害を「重大な被害」と考える学校とそうでない学校とでは、在籍する子どもたちのいじめに対する意識は大きく異なると思います。

エ　対応が悩ましい「不登校重大事態」

　重大事態の中でも、不登校重大事態の場合はその調査・対応がより悩ましく、難しいと思います。調査の行い方によっては、本人がかえって学校に戻りづらくなってしまったり、学校に戻らねばならないという圧力を感じてしまったりする可能性があるからです。また、調査と併せて、本人の教育の機会をいかに早く確保するかも検討していかなければなりません。

　ですから、不登校重大事態の場合は、当該子どもの気持ちを最優先する姿勢をより強めることが重要です。自校の判断でアンケート調査などを強行してしまうようなことは避けるべきでしょう。また、逆に直接本人に聴き取りを行うことができないからといって「意向

確認ができないから対応できない」といった進め方をするのも避けるべきです。保護者などを通じて本人が望んでいることを丁寧に把握していくことが重要です。

　その上で、今後の調査・報告の進め方については教育委員会等の報告先と情報共有しながら進めていくのが安心です。本人の意向によっては調査を進めることよりも優先して対応すべきことがあるかもしれませんから、そうした事情を説明しながら進めていくとよいでしょう。ただ、くれぐれも「おおごとにしてはかわいそう」と自校の判断で報告先への情報共有を行わずに勝手に進めてしまうことだけは避けてください。後から報告義務違反を指摘されてしまう可能性があるからです。

オ　痛ましい結果が生じてしまったときは
　万が一にも自死や子どもに重大な後遺症が残ってしまうような大きな事件が起きた場合には、「被害者側に真摯に向き合う（やり過ごそうとしない）」ことが最も重要です。被害者のご遺族やご家族からすれば、事実の解明を求めるのはごく当然であり、隠したり、早く平穏な"通常の"状態に戻そうとする姿勢を見せたりすることは、取り返しのつかない不信感を生みます。その場合、被害者側との衝突や、訴訟をはじめとする事態の長期化は避けられないでしょう。

　こうした学校と被害者側がすれ違ってしまうメカニズムを視覚的にわかりやすく説明するものとして、次頁の「ハの字」図（住友剛『新しい学校事故・事件学』子どもの風出版会、2017）があります。学校側が事実に真摯に向き合わなかったり、被害者側に十分な説明をしなかったりすることは、事態をどんどん悪化させるばかりです。それは誰のためにもなりません。

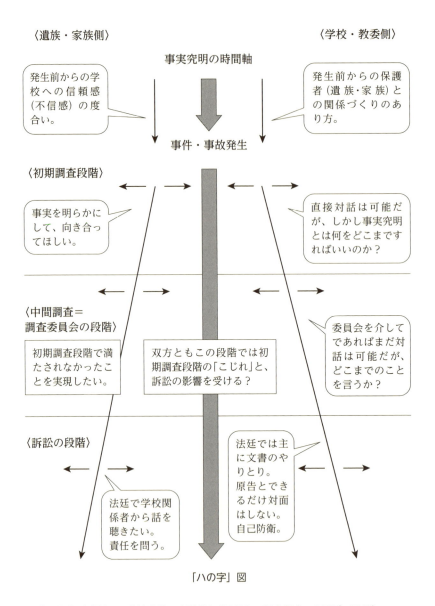

「ハの字」図

出典：住友剛『新しい学校事故・事件学』（子どもの風出版会、2017）58頁

被害者側に真摯に向き合うことは、教員の護身術という側面からしても極めて重要なのです。

カ　日頃からできること
最後に、重大事態に関しては、防災訓練の例と同様、平時からの"念のため"の準備が大切です。いざというときにパニックに陥らないよう、また当事者およびその保護者に「ガイドラインどおりに対応してくれない！」と無用な不満を抱かせてしまわないよう、日頃から文部科学省の「いじめの重大事態の調査に関するガイドライン」を教職員間で確認し合っておくとよいでしょう。

また、併せて「教師が知っておきたい子どもの自殺予防」「子供の自殺が起きたときの緊急対応の手引き」「子供の自殺が起きたときの背景調査の指針」「不登校重大事態に係る調査の指針」なども確認しておきましょう。

6　おわりに

私が本章のような視点から教職員研修を行うようになったのは、現場の教員の方々があまりに守られていないと感じたからです。

まず、学校はさまざまな背景や利害関係を持つ人々が一堂に会す場所であり、とても慎重な対応が求められる場所であるにもかかわらず、予防的なリーガルチェックを行う"法務部"のような部署がありません。また、今でこそ文部科学省がスクールロイヤー制度などを導入し始めていますが、これまで学校そのものを守る法律家も存在しませんでした（設置者である自治体や学校法人の顧問弁護士はいましたが、それは設置者の利益を守る存在であり、残念ながら学校そのものを守る存在ではありません）。

他方、当の教員自身は、その多くが「子どもが第一」で、目の前の子どもたちのためにとても熱心に懸命に業務に取り組んでいます。時に自分の身を犠牲にしていることもあります。

　つまり、教育現場には、教員自身を含め、教員を守る存在があまりに少ないのです。

　教育現場には、適用されるたくさんの法令、指針、ガイドラインなどが存在します。それらを単純に並べてみるだけでも、教員の職責の重さは誰もが理解できるでしょう。その重い職責を、誰にも守られることなく負い続けるのは不可能だと私は思います。誰かが教員を守らなければならないのです。

　そして、その「誰か」は、スクールロイヤーなどをはじめ、これからたくさん出てくるでしょう。私もその一端を少しでも担っていきたいと思っています。

　しかしながら、そうした土台を作るには、まずは教員自身が「自分の身を守ってよい」ということをきちんと認識していく必要があります。そして、実際に予防的な観点から適切に身を守っていく必要があります。教員が守られなければ、そのしわ寄せは"必ず"子どもたちに行ってしまうのです。

　ですから、何より子どもたちのために、教員の方々には、前向きな気持ちでしっかりと"護身術"を習得していただきたいというのが私の願いです。

おわりに

　私たちのいじめ予防授業を教員用にアレンジするというコンセプトで本を出版することが決まったとき、私は心が躍りました。これまでの活動が本になることへの嬉しさ以上に"ワクワクする気持ち"が湧いてきたのです。それは、教員の方々にいじめ予防授業を実践してもらえるかもしれないことへの期待感と、教育現場への恩返しの機会をいただけることへの高揚感でした。

　本文中でも触れましたが、弁護士は法律のプロであって教育のプロではありません。したがって、授業を行うといっても残念ながらそのスキルは遠く教員には及びません。こちらの伝えたいことを子どもたちに伝えるという、いわば"メッセージの浸透力"は圧倒的に教員の方が高いでしょう。特に、近年ではアクティブ・ラーニングなど子どもたちが能動的に学習するための試みが現場で盛んに行われており、そうした手法を日々試行錯誤している教員と全くの素人である弁護士とではその浸透力に差がつくばかりです。

　ですから、本いじめ予防授業を教員の方々に実践していただけるということは、私を含む弁護士チームのメンバーが子どもたちに伝えたいことがより確実に、高い浸透力をもって伝わっていく可能性が高まることを意味します。

　それを実現させるためには、まず、私の考えていること・感じていることをできる限り正確に教員の方々に伝えなければなりません。本書執筆の際には、その点に最も注意を払いました。そのため、細かい指摘や重複する記載も多かったかもしれません。

　ただ、本文中に紹介した授業の進め方は、いずれも一例にすぎません。実際、弁護士チームのメンバーにも私の作成した授業案にと

らわれることなく自由にやってもらっています。どのワークを行うかの判断も委ねていますし、ワークの内容や進め方をアレンジすることも自由です。その方が各弁護士の個性に合った授業となり、コアメッセージが子どもたちに伝わりやすいからです。

　ですから、本いじめ予防授業を実践していただく際も、自由に楽しく展開していただきたいと思っています。大切なのは各授業におけるコアメッセージをしっかり伝えていくことです。本文中には色々記載しましたが、結局は「人に寛容になろう。個人の尊厳を傷付ける手段だけは絶対に選択しないようにしよう」という２文に尽きるように思います。

　教員の方々がどのような形で本いじめ予防授業を行ってくださるのか、とても楽しみです。もし差し支えなければ、実践例などをご教示いただけましたら幸いです。

　また、私はこれまで、「自分の弁護士としての知識や経験を教育現場に還元すること」を心掛けて活動してきました。その動機を支える経験の一部には、学部時代の教育実習があります。

　教育実習は、たった3週間という短い期間ではありましたが、先生方がいかに時間をかけて授業の準備やテストの採点をし、いかに生徒たちに気を配り、いかに忙しく多くの業務をこなしているか（私のような出来の悪い実習生の世話を含む）を間近で見て感じるには十分な時間でした。また、自分たち生徒がどれだけ先生方に守られていたのかということにも気付かされました。自分は教員にはならないかもしれないけれど、その分いつか先生方に恩返しできるような大人になりたいというのが当時の率直な気持ちでした。

　ですから、弁護士としてご縁があり、教育現場に関わることができるようになってからは、どうしたら教員の方々のお役に立てるかということを懸命に考えてきました。それは教育現場に真摯に向き

合うと同時に、弁護士に「できること」を棚卸していくような作業でもありました。訴訟やトラブルの場面だけではなく、その予防などのさまざまな場面で弁護士は教育現場の役に立てるはずだという確信がいつも私の中にありました。本書でご紹介してきたことは、現時点でのその棚卸の結果です。

　私は、まだまだ弁護士として成長の途上にあります。また教育に関する勉強や経験も不足しています。先輩弁護士や教員の方々からご教示いただきたいこともたくさんあります。

　ですから、これからもさまざまな方々にご協力いただきながら研鑽を積み、その経験や知識をもっともっと教育現場に還元していきたいと考えています。「弁護士」という職業にはその大きな可能性がまだまだあると感じています。

　そうすることで、わずかでも教員の方々のお役に立ち、また法と教育現場の距離を少しでも近づけることに繋がるのであれば、それは望外の喜びです。

【資料編】
◇いじめ予防授業配付用資料
1 「いじめの定義」を学ぼう―「DVD事例」
　■DVD事例…137

2 「いじめの構造」を学ぼう―「合唱コンクール事例」
　■合唱コンクール事例…138
　■いじめ予防授業　ワークシート
　　ワーク1…139　／ワーク2…140

3 「中立」を考えてみよう―「助けた後事例」
　■助けた後事例…141
　■いじめ予防授業　ワークシート
　　ワーク1…142　／ワーク2…142　／ワーク3…143

4 模擬調停をやってみよう
　■事前配付資料…144
　■調停委員役指示書…146
　■加害者代理人役指示書…148
　■被害者代理人役指示書…150
　■模擬調停　ワークシート…152

◇**いじめ防止対策推進法　全文**…155

◇いじめ予防授業配付用資料

【DVD事例】

1　A、B、C、D、Eさんの5人は、とても仲良しで、いつも一緒にいました。カバンにおそろいのキーホルダーを付けたりなどもしていました。

2　ある日、Aさんは、Bさんから人気歌手のDVDを借りました。Bさんは、その歌手の大ファンでした。

3　ところが、Aさんは、そのDVDをBさんになかなか返しません。

4　数日後、やっとAさんからDVDを返してもらったBさんは、そのDVDに傷が付いていることに気付きました。

5　Bさんは、内心ムッとしましたが、Aさんには直接何も言いませんでした。代わりに、C、D、Eさんにそのことを話しました。

6　3人は、「Aさんはひどい！　Bさんがかわいそうだ！」と怒りました。

7　その日から、B、C、D、Eさんは、Aさんと距離を置くようになりました。

8　お昼ごはんを4人だけで先に食べ始めたり、教室移動のときにAさんだけ置いて行ったり、休日に4人で遊んだ話を誘われていないAさんの前でしたりするようになりました。

9　ある日、Aさんは、5人がおそろいで付けていたキーホルダーが4人のカバンからなくなり、代わりにAさんが見たことのない新しいキーホルダーが付いていることに気付きました。

10　Aさんは、学校に居場所がないと感じ、辛い、悲しい、学校に行きたくないと思うようになりました。

【合唱コンクール事例】

1　Aさんの学校では、毎年合唱コンクールがあります。下級生でも優勝できるため、どのクラスもとても真剣に取り組みます。
2　Aさんのクラス（40人）では、みんなからの信頼が厚い学級委員のBくんが指揮者に選ばれました。
3　Bくんの発案で、朝練を毎日30分間やることになりました。この提案には、みんな大賛成でした。
4　ところが、実際に朝練が始まると、ソプラノパートのCさんだけが毎回10分だけ遅刻してきます。Cさんは、いつもより早く起きるのがどうしても苦手なようでした。
5　クラスの中でも特に真剣に練習に取り組んでいたDくんたち4人は、これに不満を持ち、「Cさんはやる気がない」「指揮者のBくんがかわいそうだ」「これで負けたらCさんのせいだ」などと言い始めました。
6　そのうち、Dくんたちは、慌てて教室に駆け込んでくるCさんの姿を面白おかしくまねしたりするようになりました。
7　それを見て、クラスの15人ほどの生徒が大きな声で笑ったりするようになりました。
8　その様子を指揮者のBくんは、ただ静かに見ていました。
9　ある日、ついにDくんたちがCさんのことを「遅刻魔」「ナマケモノ菌」などと呼び始めたので、クラスの中でCさんに話しかける人は誰もいなくなってしまいました。
10　Aさんは、「このままではいけない。なんとかしなければ」と思いましたが、何もすることができませんでした。

〈いじめ予防授業　ワークシート〉

〈ワーク１〉
　各場面での登場人物の気持ちや考えを想像し、箇条書きしてみましょう。

(1)　場面⑤のＤくんたち
　Ｄくんたちは、どんな状態で朝練をしたかったのでしょうか。何度も遅刻してくるＣさんのことをどんな風に思っていたのでしょうか。どうしてほしかったのでしょうか。

(2)　場面⑦で大きな声で笑った 15 人ほどの生徒たち
　15 人ほどの生徒たちは、なぜ「大きな声で」笑ったのでしょうか。どんな気持ちだったと思いますか。

(3)　場面⑩のＡさん
　なぜＡさんは、Ｃさんをかわいそうと思いながらも何もできなかったのでしょうか。

(4)　場面⑧のＢくん
　なぜＢくんは、Ｃさんを怒らなかったのでしょうか。みんながＤくんたちのモノマネを笑っていても、特に笑うこともなく、みんなの様子を静かに見ていたのはなぜでしょうか。どんな気持ちだったと思いますか。

(5)　場面④、⑥、⑨のＣさん
　Ｃさんは、何度も遅刻する自分をどう思っていると思いますか。また、みんなに避けられるようになって、どんな気持ちだと思いますか。

〈ワーク2〉

　Cさんが場面⑨の状況に置かれてしまうことを避けるため、Aさん、Bくん、Dくんたち、大きな声で笑った15人は、それぞれどの時点でどんなことができたと思いますか。場面を3つ選び、できることを思い付くかぎり書きましょう。

人物	どの時点	どんなこと
Aさん		
Bくん		
Dくんたち		
大きな声で笑った15人		

◇いじめ予防授業配付用資料

【助けた後事例】

1　A、B、Cさんの3人はこれまでとても仲がよかったのですが、最近なぜかBさんがCさんにとても冷たく当たります。

2　Cさんが「かわいい」と言った服を「ダサい」と言ったり、「Cはセンスがなさすぎる」などと言ったりします。

3　あるとき、BさんがCさんに「ダサいから、一緒にいるのが恥ずかしい」と言ったので、Aさんは「Bはひどいよ！　なんでそんなこと言うの？　Cがかわいそうだよ！」と言ってCさんをかばいました。

4　すると、その日から、Bさんは、Aさんを無視して、同じクラスのD、Eさんと一緒に行動するようになりました。Cさんも一緒です。

5　そして、B、Dさんの2人は、Aさんやクラスのみんなにも聞こえるような大声で「ダサいヤツがきたー」「キモイ」などと言うようになりました。

6　CさんとEさんは、それを見て笑っているようでした。

7　Aさんは、クラスに居場所がないと思い、辛い、悲しい、学校に行きたくないと思うようになりました。

〈いじめ予防授業　ワークシート〉

〈ワーク1〉

　場面③で「Bはひどいよ！　なんでそんなこと言うの？　Cがかわいそうだよ！」と言ったAさんの行為の意味・効果を、「大きなYES／小さなNO」などの言葉を用いて考えてみましょう。
　また、もし自分がAさんの立場だったらどうするかも考えてみましょう。

〈ワーク2〉

　事例の場面④と⑤の間、実は、B、C、D、Eさんの間でこんなやり取りがありました。

B：Aってマジでむかつく。私に「あんたサイテー」みたいなこと言ってきたんだけど、ひどくない？
D：えー。ひどい。Aって優等生ぶってるよね。
B：でしょ。髪型だってダサいしさ。一緒にいるとこっちまでダサく思われるから恥ずかしいよ。
E：だよねー！　私もそう思う！

　実は、このときEさんは、Aさんのことをダサいとも優等生ぶっているとも思っていませんでしたが、何となくBさんたちに合わせた方がよいように思い、このように言いました。
　Eさんのこの発言は、どのような意味・効果を持つと思いますか。これまでに勉強した「いじめの四層構造」や「YES・NOの空気」の話などを参考にして考えてみましょう。
　また、もし自分がEさんの立場だったらどうするかを考えてみましょう。

◇いじめ予防授業配付用資料

<ワーク3>
　場面⑦の後、Ａさんと同じクラスのＸさんは、１人で教室にポツンといるＡさんに気付き、Ｙさんにそのことを話しました。するとＹさんは、ＡさんがＢさんたちから「ダサい」、「キモい」などと言われていることを教えてくれました。
　その後、ＸさんとＹさんとの間でこんなやり取りがありました。

> Ｘ：「ダサい」「キモい」と言うなんて、Ｂさんたちのしていることっていじめじゃない？　注意した方がいいよね？
> Ｙ：ＡさんがＢさんに何かひどいことを言ったらしいよ。Ａさんてちょっと頑固なところがあるじゃない？　正義感が強すぎるというか。だから、いじめって決めつけてＢさんたちを責めるのはよくないと思うの。
> 私は「中立」でいたいから、何もしないことにするよ。

　Ｙさんの態度は、中立だと思いますか。理由も一緒に考えてみましょう。

【事前配付資料】

〈当事者の名前〉
被害者：小島里美（おじまさとみ）
加害者：真下彩葉（ましもあやは）

〈配役〉
・被害者の代理人弁護士役２名
・加害者の代理人弁護士役２名
・調停委員役３〜４名

〈被害者　小島里美（おじまさとみ）の主張〉
　私は、高校１年の途中まで新宿にある私立大花高等学校に在籍していましたが、転校したため、現在は私立小木高等学校の２年生です。大花高等学校時代には、シンクロナイズドスイミング部（以下、「シンクロ部」と言います）に所属していましたが、同学年の部員たちからのいじめが原因で転校しました。
　というのも、シンクロ部の１年生８人は、チームで８月の大会に出場することをめざして、毎日一生懸命練習していました。
　ところが、５月のある日を境に、私以外の７人が私に冷たく接するようになりました。そして、特にチームリーダーの真下さんから以下のようなことをされました。

①話しかけても無視される。
②みんなの前やシンクロ部のグループLINE上で「消えてほしい」や「うざい」、「キモい」等と何度も悪口を言われる。
③自分だけ練習や大会スケジュールなどの重要な連絡を教えてもらえない。

私は、中学時代にあんなに仲のよかった部のみんなからいじめを受け、本当につらかったです。夜もほとんど眠れなくなり、学校に行くのもこわくなってしまったので、とても残念でしたが７月に転校しました。最近やっと体調が少しずつ戻りはじめ、昔のことと向き合えるようになったので、今回、勇気を出して調停を申し立てました。真下さんには、絶対に謝ってもらいたいです。

〈加害者　真下彩葉（ましもあやは）の主張〉
　私は、私立大花高等学校の２年生です。今回、小島さんが主張している①〜③の行為をやったのは確かです。でも、私にも言い分があります。
　それに、シンクロのチームは８人でなければならないのに、小島さんが勝手に学校を辞めたせいで人数が足りず、８月の大会に出場できなくなってしまいました。そのせいで、私は、体育大学の推薦を受けるのが絶望的になりました。むしろ、私が小島さんに文句を言いたいくらいです。

〈時系列を確認しよう！〉
高１　５月　①〜③の行為が始まる
　　　７月　小島さん転校
　　　８月　シンクロ部、大会を辞退
高２　４月　小島さんが調停を申し立てる

　　　　　　　　　　　　　　　　　　　　　　　　　　　　以上

【調停委員役指示書】

〈調停のやり方〉
- 調停は、話し合いの場所です。紛争を残さぬよう、できる限り合意できるよう頑張りましょう。なお、合意のパターンは、加害者が①謝罪するという合意、②謝罪しないという合意、③条件付きで謝罪するという合意の３パターンがあります。
- ただ、今回は、事前配付資料に書いてあるとおり、加害者である真下(ましも)さんは、小島(おじま)さんを無視したり、悪口を言ったり、重要な連絡をしなかったことを認めています。<u>できる限り加害者に謝ってもらうことを考えましょう。</u>

〈調停でのポイント〉
- １回目の加害者への面談：真下(ましも)さん側に確認すべき点は、以下のとおりです。（５分前後）

☐無視したり、悪口を言ったり、重要な連絡をしなかったことは認めていること（「認めていますね？」と聞いてみてください）。
☐いじめをやったのだから、謝るかどうか。謝らない場合はなぜか。
☐真下さん側に言い分がある場合は、小島さん側を呼んで確認する（真下さん側を退席させ、「小島さんの代理人、来てください」と言いましょう）。

- １回目の被害者への面談：小島(おじま)さん側に確認すべき点は以下のとおりです。（５分前後）

☐真下さん側の言い分の確認。真下さんの言っていることは事実か。
☐小島さんに言い分がある場合は、それを聞く。
☐真下さん側を呼んで小島さんの言い分を伝える（小島さん側を退席させ、「真下さんの代理人、来てください」と言いましょう）。

- ２回目の加害者への面談：真下さん側に確認すべき点は、以下のとおりです。（10分前後）

□小島さんの言い分を伝える。
□謝る気持ちになったかどうかの確認。
□謝る気持ちにならない場合は、理由を確認した上、<u>調停委員が説得する</u>。
□<u>説得する際には、真下さんの行為が「いじめ」に当たるかどうかを理由も付けてきちんと伝えましょう。</u>
□説得できて、謝罪することになった場合、小島さん側を呼んでその旨を伝える。
□どうしても説得が困難だと判断した場合は、小島さん側を呼んでその旨を伝える。
□真下さんが条件付きで謝罪するという場合、小島さん側を呼んでその旨を伝える。

・2回目の被害者への面談：小島さん側に確認すべき点は、以下のとおりです。（5分前後）

□真下さんが説得に応じ、謝罪する場合、その旨の説明。
□真下さんが説得に応じない場合、その理由を説明し、謝罪しないということで合意できるか確認（「合意できますか」と聞いてください）。
□真下さんが条件付きで謝罪するという場合、その内容を説明し、その条件を飲めるかを確認（「条件を飲んで、合意できますか」と聞いてください）。

〈合意できたかどうか〉
□できた（①謝罪することで合意、②謝罪しないことで合意、③条件付き謝罪で合意）
□できなかった［理由：　　　　　　　　　　　　　　　］

以上

【加害者代理人役指示書】

〈真実〉

- この事案は、真下(ましも)さん(加害者)の勘違いによりいじめが発生し、その後エスカレートしてしまった事案です。
- きっかけ:大事な大会前の5月のある日、小島(おじま)さんは、真下さんに対し、「家庭の事情がある」と言って部活動を休みました。そのときは、真下さんも小島さんが休むことに納得しました。「家庭の事情」という説明に対してもそのときは特に違和感はありませんでした。ところが、後日、同じクラスの友達の目撃情報により、その日、小島さんが別の学校の男の子とデートしていたことがわかったのです。真下さんは、小島さんがウソをついて部活動を休んだことをとても怒り、無視したりし始めました。これがいじめのきっかけです。ところが、これは勘違いでした。その内容は、調停で確認してください。
- 実は、真下さんは、自分がやったことを謝らなければならないと思っています。でも、小島さんに裏切られたという気持ちがとても強いことと、大学の推薦がダメになりそうなことで、どうしても素直になれません。そのため、代理人の弁護士さんに「3つの屁理屈(ヘリクツ)」を強く主張してほしいと頼んでいます。この「ヘリクツ」にきちんと調停委員が反論できたら謝ってもよいと言っています。(※本当の弁護士はこんなヘリクツは言いません!)

〈調停でのお願い〉

- 事前配付資料に書かれているとおり、小島さんを無視したり、悪口をLINEなどで言ったり、大事な連絡を小島さんに伝えなかったりしたことを真下さんはすでに認めています。調停でもそのことは認めてください。

・調停委員の言うことがおかしいと思ったら、そのつど反論してください。

・1回目の面談で話してほしいこと（5分前後）
☐ヘリクツ①「今回の件は、小島さんが悪いのでいじめではない」と主張してください。
☐小島さんが悪い理由は、「部活動を休んだ理由がウソだったから」です。
☐ウソの内容は、〈真実〉で記載した二重線の部分です。そのウソの内容も話してください。

・2回目の面談で話してほしいこと（10分前後）
☐2回目の面談の際に「勘違い」の内容が明らかになるはずです。
☐それを確認した上、
　ヘリクツ②「真下さんは、当時、そんな事情は知らず、いじめているつもりはなかった。本人にいじめているつもりがなかったのだから、いじめではない」と強気で主張してください。
　※表現の仕方は自由です。
☐真下さんの行為がいじめである理由に納得できたら、
　ヘリクツ③「でも、推薦の可能性をなくして、こちらも辛い思いをしているのだから、『どっちもどっち』だと思う。だから謝る必要はない」と強気で主張してください。そして、「小島さんが謝るなら謝る」と条件を出してください。
　※表現の仕方は自由です。
☐あなたが調停委員の説明に納得できたら、条件なしでの謝罪に同意してください。

以上

【被害者代理人役指示書】

〈真実〉
- 今回の事案は、小島(おじま)さん側に落ち度と言えるような事情が全くない事案です。
- 小島さんは、なぜこのようないじめが起きたのか心当たりがありません。でも、もしかすると大事な大会の前に部活動を休んだせいかもしれないと思っています。
- なぜ部活動を休んだかというと、山口県に住むいとこのヒデトシお兄ちゃんが新宿にある大学を受験する準備のために東京にやってきたからです。本当は、お母さんがお兄ちゃんに付き添って新宿の街を案内する予定でしたが、急な仕事が入ってしまい、小島さんが代わりに案内することになったのです。このことは学校にも部活にも説明し、許可をもらいました。
- シンクロ部1年のリーダーである真下(ましも)さんにも、詳しいことまでは言いませんでしたが「家庭の事情がある」ときちんと説明し、真下さんも納得していました。ですから、小島さんは、部活動を休んだことがいじめの原因なのか確信は持てません。なお、小島さんは、確認しようとしましたが、部のみんなの冷たい態度がとてもこわくて確認できませんでした。

〈調停でのお願い〉
- 事前配付資料に書いてあるとおり、小島さんを無視したり、悪口をLINEなどで言ったり、大事な連絡を小島さんに伝えなかったりしたことを真下さんはすでに認めています。そのことは忘れないでください。
- 調停委員の言うことがおかしいと思ったら、そのつど反論してください。

・1回目の面談で話してほしいこと（5分前後）
□真下さんの言い分を聞いて必要と感じたら、〈真実〉の二重線部分に記載された事実を説明してください。

・2回目の面談で話してほしいこと（5分前後）
□うまくいけば、2回目の面談で、加害者が謝罪することが調停委員から伝えられるはずです。
□仮に、加害者が「謝罪しない」または「条件付きで謝罪する」と言い張った場合、調停委員から「真下さんが謝罪しないこと」に納得するか、または「条件を飲めるか」を確認されます。その際には、答えを出す前に、以下のことを確認してください。
□加害者はなぜ謝罪しないのか。その理由の確認。
□その理由に対して、調停委員が何と回答したのか。その内容の確認。
□どういう理由で条件を付けたのか。その理由の確認。
□これらを確認した上で、調停委員の対応や加害者の主張に対して思ったことを自由に発言してください。その上で、謝罪しなくてよいと納得するのか、または条件を飲めるのか、回答してください。
□回答は、イエスでもノーでもワーク上は問題ありません。思った方を素直に選択してください。

以上

〈模擬調停　ワークシート〉

1　事前配付資料を読んでどのような印象を受けましたか？
　（2つ以上選びましょう）
①真下(ましも)さんの行為は、いじめだと思う。
②真下さんの言い分次第では、いじめではないかもしれない。
③真下さんは、すぐに謝った方がいいと思う。
④真下さんの言い分次第では、謝らないという結論もアリかもしれない。
⑤その他の印象
　　［　　　　　　　　　　　　　　　　　　　　　　］

2　1回目加害者側面談
(1)　真下さんの言い分についてどう思いましたか？
①真下さんの気持ちは理解できる。今回はいじめではないかもしれない。
②真下さんの気持ちは理解できるが、やはりいじめだと思う。
③真下さんの気持ちは理解できないが、今回はいじめではないかもしれない。
④真下さんの気持ちは理解できないし、やはりいじめだと思う。
⑤その他の感想
　　［　　　　　　　　　　　　　　　　　　　　　　］
(2)　真下さんの言い分を聞いた調停委員の対応についてどう思いましたか？
①調停委員として特に問題のない対応だったと思う。
②調停委員としてもう少しよい対応があったのではないかと思う。
　　具体的に［　　　　　　　　　　　　　　　　　］

3　1回目被害者側面談
(1)　小島(おじま)さんの言い分についてどう思いましたか？
①「なるほど。それなら仕方ない」と思えた。
②小島さんが部活動でもっと上手に立ちふるまえていたら、このような事態は避けられたのではないか。
　　具体的に　[　　　　　　　　　　　　　　　　　]
(2)　小島さんの言い分を聞いた調停委員の対応についてどう思いましたか？
①調停委員として特に問題のない対応だったと思う。
②調停委員としてもう少しよい対応があったのではないかと思う。
　　具体的に　[　　　　　　　　　　　　　　　　　]

4　2回目加害者側面談
(1)　真下さんの言い分についてどう思いましたか？
　　（2つ以上選びましょう）
①真下さんの言い分はおかしい。真下さんのやったことはいじめだ。
②真下さんの言うとおり、真下さんのやったことはいじめではない。
③真下さんは素直に謝るべきだ。
④真下さんが謝る必要はない。
⑤真下さんが謝るのであれば、条件が必要だと思う。
⑥その他の感想
　　[　　　　　　　　　　　　　　　　　　　　　　]
(2)　それを聞いた調停委員の対応についてどう思いましたか？
①調停委員として特に問題のない対応だったと思う。
②調停委員としてもう少しよい対応があったのではないかと思う。
　　具体的に　[　　　　　　　　　　　　　　　　　]

5　2回目被害者側面談

・小島さんの言い分を聞いてどう思いましたか？

①真下さんが謝ることになった場合→特に回答する必要はありません。

②真下さんが条件付きで謝ることになった場合
　　（ア）　小島さんが条件を飲むのはよいことだと思う。
　　（イ）　小島さんが条件を飲むのはおかしいと思う。
　　（ウ）　良いか悪いかはさておき、仕方なかったと思う。
　　具体的な理由［　　　　　　　　　　　　　　　　　　］

③真下さんが謝らないということに小島さんが合意した場合
　　（ア）　合意した小島さんの選択はよかったと思う。
　　（イ）　合意した小島さんの選択はおかしいと思う。
　　（ウ）　良いか悪いかはさておき、仕方なかったと思う。
　　具体的な理由［　　　　　　　　　　　　　　　　　　］

④小島さんが真下さんの提案に合意しなかった場合
　　（ア）　合意しなかった小島さんの選択はよかったと思う。
　　（イ）　合意しなかった小島さんの選択はおかしいと思う。
　　（ウ）　良いか悪いかはさておき、仕方なかったと思う。
　　具体的な理由［　　　　　　　　　　　　　　　　　　］
【メモ】

以上

【いじめ防止対策推進法　全文】

第1章　総則

（目的）

第1条　この法律は、いじめが、いじめを受けた児童等の教育を受ける権利を著しく侵害し、その心身の健全な成長及び人格の形成に重大な影響を与えるのみならず、その生命又は身体に重大な危険を生じさせるおそれがあるものであることに鑑み、児童等の尊厳を保持するため、いじめの防止等（いじめの防止、いじめの早期発見及びいじめへの対処をいう。以下同じ。）のための対策に関し、基本理念を定め、国及び地方公共団体等の責務を明らかにし、並びにいじめの防止等のための対策に関する基本的な方針の策定について定めるとともに、いじめの防止等のための対策の基本となる事項を定めることにより、いじめの防止等のための対策を総合的かつ効果的に推進することを目的とする。

（定義）

第2条　この法律において「いじめ」とは、児童等に対して、当該児童等が在籍する学校に在籍している等当該児童等と一定の人的関係にある他の児童等が行う心理的又は物理的な影響を与える行為（インターネットを通じて行われるものを含む。）であって、当該行為の対象となった児童等が心身の苦痛を感じているものをいう。

2　この法律において「学校」とは、学校教育法（昭和22年法律第26号）第1条に規定する小学校、中学校、義務教育学校、高等学校、中等教育学校及び特別支援学校（幼稚部を除く。）をいう。

3　この法律において「児童等」とは、学校に在籍する児童又は生徒をいう。

4　この法律において「保護者」とは、親権を行う者（親権を行う者のないときは、未成年後見人）をいう。

（基本理念）

第3条　いじめの防止等のための対策は、いじめが全ての児童等に関係する問題であることに鑑み、児童等が安心して学習その他の活動に取り組むことができるよう、学校の内外を問わずいじめが行われなくなるようにすることを旨として行われなければならない。

2　いじめの防止等のための対策は、全ての児童等がいじめを行わず、及び他の児童等に対して行われるいじめを認識しながらこれを放置することがないようにするため、いじめが児童等の心身に及ぼす影響その他のいじめの問題に関する児童等の理解を深めることを旨として行われなければならない。

3　いじめの防止等のための対策は、いじめを受けた児童等の生命及び心身を保護することが特に重要であることを認識しつつ、国、地方公共団

体、学校、地域住民、家庭その他の関係者の連携の下、いじめの問題を克服することを目指して行われなければならない。

（いじめの禁止）
第4条　児童等は、いじめを行ってはならない。

（国の責務）
第5条　国は、第3条の基本理念（以下「基本理念」という。）にのっとり、いじめの防止等のための対策を総合的に策定し、及び実施する責務を有する。

（地方公共団体の責務）
第6条　地方公共団体は、基本理念にのっとり、いじめの防止等のための対策について、国と協力しつつ、当該地域の状況に応じた施策を策定し、及び実施する責務を有する。

（学校の設置者の責務）
第7条　学校の設置者は、基本理念にのっとり、その設置する学校におけるいじめの防止等のために必要な措置を講ずる責務を有する。

（学校及び学校の教職員の責務）
第8条　学校及び学校の教職員は、基本理念にのっとり、当該学校に在籍する児童等の保護者、地域住民、児童相談所その他の関係者との連携を図りつつ、学校全体でいじめの防止及び早期発見に取り組むとともに、当該学校に在籍する児童等がいじめを受けていると思われるときは、適切かつ迅速にこれに対処する責務を有する。

（保護者の責務等）
第9条　保護者は、子の教育について第一義的責任を有するものであって、その保護する児童等がいじめを行うことのないよう、当該児童等に対し、規範意識を養うための指導その他の必要な指導を行うよう努めるものとする。

2　保護者は、その保護する児童等がいじめを受けた場合には、適切に当該児童等をいじめから保護するものとする。

3　保護者は、国、地方公共団体、学校の設置者及びその設置する学校が講ずるいじめの防止等のための措置に協力するよう努めるものとする。

4　第1項の規定は、家庭教育の自主性が尊重されるべきことに変更を加えるものと解してはならず、また、前3項の規定は、いじめの防止等に関する学校の設置者及びその設置する学校の責任を軽減するものと解してはならない。

（財政上の措置等）
第10条　国及び地方公共団体は、いじめの防止等のための対策を推進するために必要な財政上の措置その他の必要な措置を講ずるよう努めるものとする。

第2章　いじめ防止基本方針等

（いじめ防止基本方針）

第11条　文部科学大臣は、関係行政機関の長と連携協力して、いじめの防止等のための対策を総合的かつ効果的に推進するための基本的な方針（以下「いじめ防止基本方針」という。）を定めるものとする。

2　いじめ防止基本方針においては、次に掲げる事項を定めるものとする。
　一　いじめの防止等のための対策の基本的な方向に関する事項
　二　いじめの防止等のための対策の内容に関する事項
　三　その他いじめの防止等のための対策に関する重要事項

（地方いじめ防止基本方針）

第12条　地方公共団体は、いじめ防止基本方針を参酌し、その地域の実情に応じ、当該地方公共団体におけるいじめの防止等のための対策を総合的かつ効果的に推進するための基本的な方針（以下「地方いじめ防止基本方針」という。）を定めるよう努めるものとする。

（学校いじめ防止基本方針）

第13条　学校は、いじめ防止基本方針又は地方いじめ防止基本方針を参酌し、その学校の実情に応じ、当該学校におけるいじめの防止等のための対策に関する基本的な方針を定めるものとする。

（いじめ問題対策連絡協議会）

第14条　地方公共団体は、いじめの防止等に関係する機関及び団体の連携を図るため、条例の定めるところにより、学校、教育委員会、児童相談所、法務局又は地方法務局、都道府県警察その他の関係者により構成されるいじめ問題対策連絡協議会を置くことができる。

2　都道府県は、前項のいじめ問題対策連絡協議会を置いた場合には、当該いじめ問題対策連絡協議会におけるいじめの防止等に関係する機関及び団体の連携が当該都道府県の区域内の市町村が設置する学校におけるいじめの防止等に活用されるよう、当該いじめ問題対策連絡協議会と当該市町村の教育委員会との連携を図るために必要な措置を講ずるものとする。

3　前2項の規定を踏まえ、教育委員会といじめ問題対策連絡協議会との円滑な連携の下に、地方いじめ防止基本方針に基づく地域におけるいじめの防止等のための対策を実効的に行うようにするため必要があるときは、教育委員会に附属機関として必要な組織を置くことができるものとする。

第3章　基本的施策

（学校におけるいじめの防止）

第15条　学校の設置者及びその設置する学校は、児童等の豊かな情操と道徳心を培い、心の通う対人交流の能力の素地を養うことがいじめの防

止に資することを踏まえ、全ての教育活動を通じた道徳教育及び体験活動等の充実を図らなければならない。
2　学校の設置者及びその設置する学校は、当該学校におけるいじめを防止するため、当該学校に在籍する児童等の保護者、地域住民その他の関係者との連携を図りつつ、いじめの防止に資する活動であって当該学校に在籍する児童等が自主的に行うものに対する支援、当該学校に在籍する児童等及びその保護者並びに当該学校の教職員に対するいじめを防止することの重要性に関する理解を深めるための啓発その他必要な措置を講ずるものとする。

（いじめの早期発見のための措置）

第16条　学校の設置者及びその設置する学校は、当該学校におけるいじめを早期に発見するため、当該学校に在籍する児童等に対する定期的な調査その他の必要な措置を講ずるものとする。
2　国及び地方公共団体は、いじめに関する通報及び相談を受け付けるための体制の整備に必要な施策を講ずるものとする。
3　学校の設置者及びその設置する学校は、当該学校に在籍する児童等及びその保護者並びに当該学校の教職員がいじめに係る相談を行うことができる体制（次項において「相談体制」という。）を整備するものとする。
4　学校の設置者及びその設置する学校は、相談体制を整備するに当たっては、家庭、地域社会等との連携の下、いじめを受けた児童等の教育を受ける権利その他の権利利益が擁護されるよう配慮するものとする。

（関係機関等との連携等）

第17条　国及び地方公共団体は、いじめを受けた児童等又はその保護者に対する支援、いじめを行った児童等に対する指導又はその保護者に対する助言その他のいじめの防止等のための対策が関係者の連携の下に適切に行われるよう、関係省庁相互間その他関係機関、学校、家庭、地域社会及び民間団体の間の連携の強化、民間団体の支援その他必要な体制の整備に努めるものとする。

（いじめの防止等のための対策に従事する人材の確保及び資質の向上）

第18条　国及び地方公共団体は、いじめを受けた児童等又はその保護者に対する支援、いじめを行った児童等に対する指導又はその保護者に対する助言その他のいじめの防止等のための対策が専門的知識に基づき適切に行われるよう、教員の養成及び研修の充実を通じた教員の資質の向上、生徒指導に係る体制等の充実のための教諭、養護教諭その他の教員の配置、心理、福祉等に関する専門的知識を有する者であっていじめの防止を含む教育相談に応じるものの確保、いじめへの対処に関し助言を行うために学校の求めに応じて派遣

される者の確保等必要な措置を講ずるものとする。

2　学校の設置者及びその設置する学校は、当該学校の教職員に対し、いじめの防止等のための対策に関する研修の実施その他のいじめの防止等のための対策に関する資質の向上に必要な措置を計画的に行わなければならない。

（インターネットを通じて行われるいじめに対する対策の推進）

第19条　学校の設置者及びその設置する学校は、当該学校に在籍する児童等及びその保護者が、発信された情報の高度の流通性、発信者の匿名性その他のインターネットを通じて送信される情報の特性を踏まえて、インターネットを通じて行われるいじめを防止し、及び効果的に対処することができるよう、これらの者に対し、必要な啓発活動を行うものとする。

2　国及び地方公共団体は、児童等がインターネットを通じて行われるいじめに巻き込まれていないかどうかを監視する関係機関又は関係団体の取組を支援するとともに、インターネットを通じて行われるいじめに関する事案に対処する体制の整備に努めるものとする。

3　インターネットを通じていじめが行われた場合において、当該いじめを受けた児童等又はその保護者は、当該いじめに係る情報の削除を求め、又は発信者情報（特定電気通信役務提供者の損害賠償責任の制限及び発信者情報の開示に関する法律（平成13年法律第137号）第4条第1項に規定する発信者情報をいう。）の開示を請求しようとするときは、必要に応じ、法務局又は地方法務局の協力を求めることができる。

（いじめの防止等のための対策の調査研究の推進等）

第20条　国及び地方公共団体は、いじめの防止及び早期発見のための方策等、いじめを受けた児童等又はその保護者に対する支援及びいじめを行った児童等に対する指導又はその保護者に対する助言の在り方、インターネットを通じて行われるいじめへの対応の在り方その他のいじめの防止等のために必要な事項やいじめの防止等のための対策の実施の状況についての調査研究及び検証を行うとともに、その成果を普及するものとする。

（啓発活動）

第21条　国及び地方公共団体は、いじめが児童等の心身に及ぼす影響、いじめを防止することの重要性、いじめに係る相談制度又は救済制度等について必要な広報その他の啓発活動を行うものとする。

第4章　いじめの防止等に関する措置

（学校におけるいじめの防止等の対策のための組織）

第22条　学校は、当該学校における

いじめの防止等に関する措置を実効的に行うため、当該学校の複数の教職員、心理、福祉等に関する専門的な知識を有する者その他の関係者により構成されるいじめの防止等の対策のための組織を置くものとする。

（いじめに対する措置）
第23条　学校の教職員、地方公共団体の職員その他の児童等からの相談に応じる者及び児童等の保護者は、児童等からいじめに係る相談を受けた場合において、いじめの事実があると思われるときは、いじめを受けたと思われる児童等が在籍する学校への通報その他の適切な措置をとるものとする。
2　学校は、前項の規定による通報を受けたときその他当該学校に在籍する児童等がいじめを受けていると思われるときは、速やかに、当該児童等に係るいじめの事実の有無の確認を行うための措置を講ずるとともに、その結果を当該学校の設置者に報告するものとする。
3　学校は、前項の規定による事実の確認によりいじめがあったことが確認された場合には、いじめをやめさせ、及びその再発を防止するため、当該学校の複数の教職員によって、心理、福祉等に関する専門的な知識を有する者の協力を得つつ、いじめを受けた児童等又はその保護者に対する支援及びいじめを行った児童等に対する指導又はその保護者に対する助言を継続的に行うものとする。
4　学校は、前項の場合において必要があると認めるときは、いじめを行った児童等についていじめを受けた児童等が使用する教室以外の場所において学習を行わせる等いじめを受けた児童等その他の児童等が安心して教育を受けられるようにするために必要な措置を講ずるものとする。
5　学校は、当該学校の教職員が第3項の規定による支援又は指導若しくは助言を行うに当たっては、いじめを受けた児童等の保護者といじめを行った児童等の保護者との間で争いが起きることのないよう、いじめの事案に係る情報をこれらの保護者と共有するための措置その他の必要な措置を講ずるものとする。
6　学校は、いじめが犯罪行為として取り扱われるべきものであると認めるときは所轄警察署と連携してこれに対処するものとし、当該学校に在籍する児童等の生命、身体又は財産に重大な被害が生じるおそれがあるときは直ちに所轄警察署に通報し、適切に、援助を求めなければならない。

（学校の設置者による措置）
第24条　学校の設置者は、前条第2項の規定による報告を受けたときは、必要に応じ、その設置する学校に対し必要な支援を行い、若しくは必要な措置を講ずることを指示し、又は当該報告に係る事案について自ら必要な調査を行うものとする。

（校長及び教員による懲戒）
第25条　校長及び教員は、当該学校に在籍する児童等がいじめを行っている場合であって教育上必要があると認めるときは、学校教育法第11条の規定に基づき、適切に、当該児童等に対して懲戒を加えるものとする。

（出席停止制度の適切な運用等）
第26条　市町村の教育委員会は、いじめを行った児童等の保護者に対して学校教育法第35条第1項（同法第49条において準用する場合を含む。）の規定に基づき当該児童等の出席停止を命ずる等、いじめを受けた児童等その他の児童等が安心して教育を受けられるようにするために必要な措置を速やかに講ずるものとする。

（学校相互間の連携協力体制の整備）
第27条　地方公共団体は、いじめを受けた児童等といじめを行った児童等が同じ学校に在籍していない場合であっても、学校がいじめを受けた児童等又はその保護者に対する支援及びいじめを行った児童等に対する指導又はその保護者に対する助言を適切に行うことができるようにするため、学校相互間の連携協力体制を整備するものとする。

第5章　重大事態への対処
（学校の設置者又はその設置する学校による対処）

第28条　学校の設置者又はその設置する学校は、次に掲げる場合には、その事態（以下「重大事態」という。）に対処し、及び当該重大事態と同種の事態の発生の防止に資するため、速やかに、当該学校の設置者又はその設置する学校の下に組織を設け、質問票の使用その他の適切な方法により当該重大事態に係る事実関係を明確にするための調査を行うものとする。
　一　いじめにより当該学校に在籍する児童等の生命、心身又は財産に重大な被害が生じた疑いがあると認めるとき。
　二　いじめにより当該学校に在籍する児童等が相当の期間学校を欠席することを余儀なくされている疑いがあると認めるとき。
2　学校の設置者又はその設置する学校は、前項の規定による調査を行ったときは、当該調査に係るいじめを受けた児童等及びその保護者に対し、当該調査に係る重大事態の事実関係等その他の必要な情報を適切に提供するものとする。
3　第1項の規定により学校が調査を行う場合においては、当該学校の設置者は、同項の規定による調査及び前項の規定による情報の提供について必要な指導及び支援を行うものとする。

（国立大学に附属して設置される学校に係る対処）
第29条　国立大学法人（国立大学法

人法（平成15年法律第112号）第2条第1項に規定する国立大学法人をいう。以下この条において同じ。）が設置する国立大学に附属して設置される学校は、前条第1項各号に掲げる場合には、当該国立大学法人の学長を通じて、重大事態が発生した旨を、文部科学大臣に報告しなければならない。
2 　前項の規定による報告を受けた文部科学大臣は、当該報告に係る重大事態への対処又は当該重大事態と同種の事態の発生の防止のため必要があると認めるときは、前条第1項の規定による調査の結果について調査を行うことができる。
3 　文部科学大臣は、前項の規定による調査の結果を踏まえ、当該調査に係る国立大学法人又はその設置する国立大学に附属して設置される学校が当該調査に係る重大事態への対処又は当該重大事態と同種の事態の発生の防止のために必要な措置を講ずることができるよう、国立大学法人法第35条において準用する独立行政法人通則法（平成11年法律第103号）第64条第1項に規定する権限の適切な行使その他の必要な措置を講ずるものとする。

（公立の学校に係る対処）
第30条　地方公共団体が設置する学校は、第28条第1項各号に掲げる場合には、当該地方公共団体の教育委員会を通じて、重大事態が発生した旨を、当該地方公共団体の長に報告しなければならない。
2 　前項の規定による報告を受けた地方公共団体の長は、当該報告に係る重大事態への対処又は当該重大事態と同種の事態の発生の防止のため必要があると認めるときは、附属機関を設けて調査を行う等の方法により、第28条第1項の規定による調査の結果について調査を行うことができる。
3 　地方公共団体の長は、前項の規定による調査を行ったときは、その結果を議会に報告しなければならない。
4 　第2項の規定は、地方公共団体の長に対し、地方教育行政の組織及び運営に関する法律（昭和31年法律第162号）第21条に規定する事務を管理し、又は執行する権限を与えるものと解釈してはならない。
5 　地方公共団体の長及び教育委員会は、第2項の規定による調査の結果を踏まえ、自らの権限及び責任において、当該調査に係る重大事態への対処又は当該重大事態と同種の事態の発生の防止のために必要な措置を講ずるものとする。

第30条の2　第29条の規定は、公立大学法人（地方独立行政法人法（平成15年法律第118号）第68条第1項に規定する公立大学法人をいう。）が設置する公立大学に附属して設置される学校について準用する。この場合において、第29条第1項中「文部科学大臣」とあるのは「当該公立大学法人を設立する地方

◇いじめ防止対策推進法　全文

公共団体の長（以下この条において単に「地方公共団体の長」という。）」と、同条第2項及び第3項中「文部科学大臣」とあるのは「地方公共団体の長」と、同項中「国立大学法人法第35条において準用する独立行政法人通則法（平成11年法律第103号）第64条第1項」とあるのは「地方独立行政法人法第121条第1項」と読み替えるものとする。

（私立の学校に係る対処）

第31条　学校法人（私立学校法（昭和24年法律第270号）第3条に規定する学校法人をいう。以下この条において同じ。）が設置する学校は、第28条第1項各号に掲げる場合には、重大事態が発生した旨を、当該学校を所轄する都道府県知事（以下この条において単に「都道府県知事」という。）に報告しなければならない。

2　前項の規定による報告を受けた都道府県知事は、当該報告に係る重大事態への対処又は当該重大事態と同種の事態の発生の防止のため必要があると認めるときは、附属機関を設けて調査を行う等の方法により、第28条第1項の規定による調査の結果について調査を行うことができる。

3　都道府県知事は、前項の規定による調査の結果を踏まえ、当該調査に係る学校法人又はその設置する学校が当該調査に係る重大事態への対処又は当該重大事態と同種の事態の発生の防止のために必要な措置を講ずることができるよう、私立学校法第6条に規定する権限の適切な行使その他の必要な措置を講ずるものとする。

4　前2項の規定は、都道府県知事に対し、学校法人が設置する学校に対して行使することができる権限を新たに与えるものと解釈してはならない。

第32条　学校設置会社（構造改革特別区域法（平成14年法律第189号）第12条第2項に規定する学校設置会社をいう。以下この条において同じ。）が設置する学校は、第28条第1項各号に掲げる場合には、当該学校設置会社の代表取締役又は代表執行役を通じて、重大事態が発生した旨を、同法第12条第1項の規定による認定を受けた地方公共団体の長（以下「認定地方公共団体の長」という。）に報告しなければならない。

2　前項の規定による報告を受けた認定地方公共団体の長は、当該報告に係る重大事態への対処又は当該重大事態と同種の事態の発生のため必要があると認めるときは、附属機関を設けて調査を行う等の方法により、第28条第1項の規定による調査の結果について調査を行うことができる。

3　認定地方公共団体の長は、前項の規定による調査の結果を踏まえ、当該調査に係る学校設置会社又はその

設置する学校が当該調査に係る重大事態への対処又は当該重大事態と同種の事態の発生の防止のために必要な措置を講ずることができるよう、構造改革特別区域法第12条第10項に規定する権限の適切な行使その他の必要な措置を講ずるものとする。

4 前2項の規定は、認定地方公共団体の長に対し、学校設置会社が設置する学校に対して行使することができる権限を新たに与えるものと解釈してはならない。

5 第1項から前項までの規定は、学校設置非営利法人（構造改革特別区域法第13条第2項に規定する学校設置非営利法人をいう。）が設置する学校について準用する。この場合において、第1項中「学校設置会社の代表取締役又は代表執行役」とあるのは「学校設置非営利法人の代表権を有する理事」と、「第12条第1項」とあるのは「第13条第1項」と、第2項中「前項」とあるのは「第5項において準用する前項」と、第3項中「前項」とあるのは「第5項において準用する前項」と、「学校設置会社」とあるのは「学校設置非営利法人」と、「第12条第10項」とあるのは「第13条第3項において準用する同法第12条第10項」と、前項中「前2項」とあるのは「次項において準用する前2項」と読み替えるものとする。

（文部科学大臣又は都道府県の教育委員会の指導、助言及び援助）

第33条 地方自治法（昭和22年法律第67号）第245条の4第1項の規定によるほか、文部科学大臣は都道府県又は市町村に対し、都道府県の教育委員会は市町村に対し、重大事態への対処に関する都道府県又は市町村の事務の適正な処理を図るため、必要な指導、助言又は援助を行うことができる。

第6章 雑則

（学校評価における留意事項）

第34条 学校の評価を行う場合においていじめの防止等のための対策を取り扱うに当たっては、いじめの事実が隠蔽されず、並びにいじめの実態の把握及びいじめに対する措置が適切に行われるよう、いじめの早期発見、いじめの再発を防止するための取組等について適正に評価が行われるようにしなければならない。

（高等専門学校における措置）

第35条 高等専門学校（学校教育法第1条に規定する高等専門学校をいう。以下この条において同じ。）の設置者及びその設置する高等専門学校は、当該高等専門学校の実情に応じ、当該高等専門学校に在籍する学生に係るいじめに相当する行為の防止、当該行為の早期発見及び当該行為への対処のための対策に関し必要な措置を講ずるよう努めるものとする。

【NPO法人ストップいじめ！ナビとは】
　「いじめ」や関連する問題に関し、各専門家が持つノウハウや社会資源を結集させて具体策を提示・実現させるべく、調査・研究、対策の立案、情報発信及び講演・啓発活動等を行っている。メンバーは、不登校経験者や性的マイノリティ当事者、子どもの相談窓口、ジャーナリスト、自殺対策専門家、弁護士など。いじめを子どもたちの一生（いのちや尊厳）を大きく左右する重大な危機（リスク）と捉え、渦中にいる子どもたちへの多元的な支援といじめの発生リスクを抑制する学校環境（社会環境）作りを目指す。

情報サイト―今すぐ役立つ脱出策　http://stopijime.jp
団体サイト―活動報告やご案内　　http://stopijime.org

謝辞

　本書を作成するにあたり、荻上チキさんや須永裕慈さんをはじめ、ストップいじめナビのメンバーにはたくさんのご助言やご協力をいただきました。特に弁護士チームのみなさんは、多忙な中、これまで多くの学校で素晴らしい授業を真摯に展開してくださいました。生徒からのアンケートに対する回答書の作成などは時に1クラス1万字を超えてしまうこともあり、年間を通じた各弁護士の負担は相当なものです。今日、弁護士チームがさまざまな学校から信頼していただけているのは、ひとえにみなさん全員の誠実で献身的な姿勢にあります。にもかかわらず、私の単著という形で本書を出版することをご快諾くださり、本当にありがとうございました。これからも、みなさんと一緒に教育現場に貢献できる活動をしていきたいと思っています。

　また、所属事務所である宮本国際法律事務所のみなさん、特に代表弁護士の宮本健悟先生には感謝してもしきれません。NPOや教育関連の活動ばかりで事務所業務にほとんど貢献していない私をいつも温かく見守ってくださり、また時に励ましてくださいました。

　さらに、TEDxHimi 2017のキュレーターであり、本書作成の際にもたくさんのアドバイスをくださったエリー谷口さんにも感謝いたします。エリーさんほど人の内側にある言葉を上手に引き出せる人、またそれを待てる人を私は知りません。またいつものカフェでお話しできるのを楽しみにしています。

　加えて、本書出版の機会をくださった教育開発研究所のみなさま、特に編集者の桜田雅美さんには大変お世話になりました。お陰様で、これまでの活動をいつか本にしたいという夢を現実のものにできました。

そして、本書の原稿を法律家の視点からチェックしてくれた夫と、原稿作成時に「ママ、お仕事してるね〜」と励ましてくれた2歳の娘に感謝します。何に対しても興味津々の娘からは、ゲラを引っ張られて順番をバラバラにされたり、さらにその上にコーヒーをこぼされたりするなど、思いがけずたくさんの"笑い"をもらいました。いつかこの本を読んでもらえる日が来たら嬉しいです。
　最後に、これまで私やストップいじめナビに関わってくださった全ての学校や教員、関係者の方々に感謝いたします。これからも、みなさまのお役に立てるよう尽力いたしますので、何卒よろしくお願いいたします。

■著者紹介■

真下 麻里子（ましも・まりこ）
弁護士／NPO法人ストップいじめ！ナビ理事

早稲田大学教育学部理学科を卒業し、中学・高校の数学の教員免許を持つ弁護士。宮本国際法律事務所に所属し、NPO法人ストップいじめ！ナビの理事を務めている。全国の学校で、オリジナルのいじめ予防授業や講演活動を実施するほか、学校運営におけるリスク管理の観点から教職員研修の講師も務めている。2017年1月にはTEDxHimi 2017に登壇。そのトーク「いじめを語る上で大人が向き合うべき大切なこと」は、現在YouTubeにて公開中。共著に『ブラック校則』（東洋館出版社）『スクールロイヤーにできること』（日本評論社）がある。

弁護士秘伝！　教師もできるいじめ予防授業

2019年3月20日　第1刷発行

著　者　　真下 麻里子
発行者　　福山 孝弘
発行所　　株式会社 教育開発研究所
　　　　　〒113-0033　東京都文京区本郷 2-15-13
　　　　　TEL 03-3815-7041／FAX 03-3816-2488
　　　　　http://www.kyouiku-kaihatu.co.jp
表紙デザイン　長沼 直子
印刷・製本　中央精版印刷株式会社

ISBN978-4-86560-506-8　C3037
落丁・乱丁本はお取り替えいたします。定価はカバーに表示してあります。